从零开始学

价值投资

财务指标、量化选股与投资策略全解析

第 2 版

杨金◎著

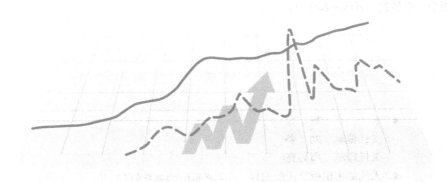

人民邮电出版社

北 京

图书在版编目（ＣＩＰ）数据

从零开始学价值投资：财务指标、量化选股与投资
策略全解析 / 杨金著. -- 2版. -- 北京：人民邮电出
版社，2020.5
ISBN 978-7-115-53511-5

Ⅰ．①从… Ⅱ．①杨… Ⅲ．①股票投资-研究 Ⅳ.
①F830.91

中国版本图书馆CIP数据核字(2020)第039343号

内 容 提 要

本书全面阐述了以财务分析为基础的价值投资逻辑基础、杜邦分析方法、格雷厄姆选股策略、单因子和多因子量化选股策略等内容，全面展现了价值投资的主体——财务分析的方法。本书力求帮助寻求价值投资的投资者，以共享发展的逻辑理念、简单明了的方法论，在投资过程中以低价购入优质企业的股票、与优质企业共同成长，实现复合增长的超额收益。同时，也为投资者寻求更深层次的证券定价与财务分析打下坚实的基础。

本书的叙述方式简明扼要，配套方法实用，既是学习正确的投资理念不可或缺的参考用书，也是指导实际投资交易的实用手册。

本书适合在财务报表分析方面零基础、长期使用技术分析方法但在股票市场上亏损或希望掌握科学的投资策略的投资者阅读和学习。

◆ 著　　　　杨　金
　　责任编辑　刘　姿
　　责任印制　周昇亮
◆ 人民邮电出版社出版发行　　北京市丰台区成寿寺路 11 号
　　邮编　100164　　电子邮件　315@ptpress.com.cn
　　网址　https://www.ptpress.com.cn
　　北京七彩京通数码快印有限公司印刷
◆ 开本：700×1000　1/16
　　印张：13　　　　　　　　2020 年 5 月第 2 版
　　字数：212 千字　　　　　2025 年 9 月北京第 10 次印刷

定价：59.80 元

读者服务热线：(010)81055296　印装质量热线：(010)81055316
反盗版热线：(010)81055315

从伊利股份的 389 倍说起

同为乳制品企业，与首日开盘价相比，伊利股份的股价增长了近 389 倍，光明乳业的股价增长了近 4.4 倍，它们各自的股价走势如图 0-1 所示。

伊利股份上市 20 多年，首日开盘价为 9 元，向后复权最高价为 3 509.35 元，截至 2019 年 10 月 18 日达到 2 889 元，复合增长率为 28.22%。

光明乳业上市近 20 年，首日开盘价为 12.5 元，向后复权最高价为 55.53 元，截至 2019 年 10 月 18 日达到 24.53 元，复合增长率为 8.64%。

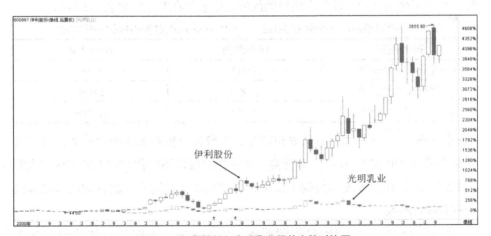

图 0-1 伊利股份与光明乳业股价走势对比图

直接成本、零售价几乎相同的两家企业，为何股价走势差别如此巨大？通过技术分析能看出哪只股票会涨得更多吗？恐怕未必。股票的背后是企业，财务报表是企业的"体检报告"。企业的财务状况究竟如何，最终都会反映到财务报表上，两家乳制品企业的财务指标如表 0-1 所示。

表 0-1 伊利股份与光明乳业 2013 ～ 2019 年间几项财务指标的平均数据 1

财务指标	伊利股份	光明乳业
净资产收益率	24.47%	10.4%
资产负债率	47.1%	60.93%
毛利率	35.03%	35.13%
每股经营现金流	1.62 元	1.25 元

通过上表给出的几组主要数据可以看出，在毛利率方面，伊利股份的单品销售利润并不比光明乳业高；在资产负债率方面，伊利股份的偿债压力明显小于光明乳业；在每股经营现金流方面，在经营活动中，伊利股份平均每年带来每股 1.62 元的现金净流入，而光明乳业只有 1.25 元。

在伊利股份单品销售利润并不高的情况下，偿债压力更小，现金净流入更多，最终伊利股份的净资产收益率是光明乳业的 2 倍以上。也就是说，伊利股份的股东每年获得的收益是光明乳业的股东的 2 倍以上。

虽然这只是粗略的对比，但从大体上还是可以看出伊利股份在经营上的优势明显大于光明乳业。那伊利股份的优势具体表现在哪儿？如表 0-2 所示。

表 0-2 伊利股份与光明乳业 2013 ～ 2019 年间几项财务指标的平均数据 2

财务指标	伊利股份	光明乳业
营业收入增长率	10.73%	5.2%
营业成本增长率	7.58%	5.65%
销售费用占比营业收入	21.92%	26.06%

伊利股份的营业收入增长率和营业成本增长率相差 3.15 个百分点，而光明乳业这两者之间相差 -0.45 个百分点。可见伊利股份不但营业收入的增速比光明乳业快，而且在营业成本控制上也优于光明乳业。光明乳业的营业成本增速快于营业收入增速。

伊利股份的销售费用仅占营业收入的 21.92%，光明乳业的这一项却为 26.06%，即伊利股份在销售上可以用更少的成本做更多的事。那么双方在成本和收入几乎相同的情况下，销售费用占比较低的一方资金的利用效率就更高，相应的盈利能力也更高。

这也仅仅是从盈利能力方面去考量，如果再从偿债能力和营运能力方面来比较，我们更能发现伊利股份的财务状况比光明乳业好。本书的主要任务就是将关于财务指标分析这把"尺子"的知识教给你，让你学会比较衡量。

为什么价值投资更靠谱?

很多人说价值投资在国内没有市场,其实不然。

不只是前面提到的两家乳制品企业,从长期的股票价格来看,增长率高的企业,其财务指标数据都远远好于其他同类企业。股票不只是一条条 K 线和几个名称而已,投资者要时刻提醒自己,股票的背后是企业,只有企业经营得好,股价才会上涨。而劣质企业通过非正常操作促使股价上涨的情况,不持久也不安全。

本书的目的在于帮助读者走出将价值投资娱乐化、妖魔化的误区,理解价值投资的真谛,与优质企业一起成长。大道至简,本书力求用最简洁的语言,把价值投资体系呈现给大家;用最简单的方法论,为大家提供一个投资路径。

价值投资的主体是财务分析,但财务分析并不晦涩,本书讲到的财务指标数据,在三大报表中都可以直接读取,而公开的财务报表更是俯拾皆是。如今收集数据如此方便,那么能否学会财务分析,已经不是能力问题,而是态度问题。通过财务分析方法,投资者可以像分析出伊利股份与光明乳业的区别那样,轻松地识别优质企业,与优质企业一起扬帆远航。本书重点在于分析选股策略,因书中数据来源不同,对于有效数字的位数未做要求。

价值投资的"开山祖师"是本杰明·格雷厄姆,而本书的逻辑基础也受到格雷厄姆的作品——《聪明的投资者》与《证券分析》的影响。

本书主要内容

本书第 1、2 章从理念开始谈起,阐明价值投资并非不适合国内股市,而是很多人并不理解什么是真正的价值投资。在讲解价值投资的相关内容之前,为其正名是很有必要的。

本书第 3 ～ 5 章分别从企业的偿债能力、盈利能力和营运能力 3 个方面解析企业的优劣。其中,以伊利股份和光明乳业为例,补充了前言中的立论证据。

第 6 章,将企业的偿债、盈利、运营 3 种能力融入杜邦分析中,杜邦分析可以让我们了解数据表现好的企业的优点所在,数据表现差的企业的缺点所在。

企业的增长源于3个方面：高利润率、高周转率和高杠杆。有特许经营权的企业主要由高利润率来带动增长，渠道营销商则靠高周转率来带动增长，而资质相对平庸的企业只能依靠高杠杆来带动增长，但高杠杆也意味着高风险。用杜邦分析可以给企业定位，并且顺藤摸瓜地找到它的优缺点，杜邦分析是整合财务分析必不可少的工具。

第7章的主要内容为格雷厄姆经典著作《聪明的投资者》的读书笔记，用书中的逻辑链条逐步挖掘逻辑基础和方法论。这一章讲解了价值投资由债券投资和股票投资构成；债券和股票要有恰当的资金配比；如何挑选债券，如何选择股票；防御型和激进型投资者的不同投资方法。

第8章为价值投资的量化选股策略，根据格雷厄姆提供的经典策略，开发单因子、多因子量化选股策略。任何一种策略，都有助于我们跑赢大盘，获取超额收益。

所有的分析、策略，都以寻找安全边际为目标。价值投资对于短期内暴涨或暴跌的情况并没有解释的义务，它只负责寻找一艘安全的"船"，因为只有保证安全才能远航。

需要声明的是，我们在阅读格雷厄姆的著作时，不能完全复制格雷厄姆的所有理念，而是需要通过自己的理解，对格雷厄姆的理念进行阐述。因为，每个人的视角不同，侧重点也就有所不同。对价值投资的定性分析与定量分析都要重视，特别是要审慎对待方法论部分的量化，如果量化的标准是80%，那么达到79.9%行不行？或许是行的，但仍不推荐，我们并不能因为它只达到79.9%的标准就认定它不是一个好的选择，只能理解为，以目前的方法或时间来看它并不合适。

最后，企业一时经营得好，不代表永远经营得好。同样，多项指标暂时落后的企业，也未必永远落后。如同本书开篇所举的例子，倒退到十几年前，伊利股份的各项财务指标都远不如光明乳业，但现在成功反超了。所以，对于价值投资，我们不能刻舟求剑、一成不变地看待问题。

本书的特色和优势

数据真实：书中所有数据皆来自同花顺中的财务报表。本书列举的既有如伊利股份、格力电器、贵州茅台的案例，也有如光明乳业、中国铝业等案例。

讲解通俗：对实际生活中出现的事件进行类比。实际上，财务指标与家庭记账没有太大的区别，对于在财务分析方面零基础的读者来说，本书的讲解毫无入门障碍。

针对性强：企业经营的侧重点不同，财务指标的高低多寡也就有所不同。例如侧重于高利润率的企业，则不能要求它的周转率也高；而侧重于高周转率的企业，则不能要求它的利润率也高。因时因势地灵活使用财务指标，是本书进行案例对比时的重点。

来源实战：本书所有策略的回测数据皆由笔者亲自获取，其中部分量化策略是笔者自身使用多年的交易方法。笔者身体力行，以求达到知行合一。

适合读者

适用于在财务分析方面零基础的读者。本书从投资理念开始讲起，细化到每一张报表中的各大子项。

适用于有一定财务知识的读者。本书根据企业不同的战略定位，灵活使用财务指标，寻找企业成长的核心竞争力。

适用于能够理解价值投资理念，但没有形成系统的方法论的读者。本书的内容从格雷厄姆的经典选股策略到以其为基础形成的单因子、多因子量化选股策略，为具有不同需求的人提供不同的可交付解决方案。

适用于有方法论，但苦于无法具体掌握买点和卖点的读者。本书重述了格雷厄姆的债券和股票配比方案。资金配比如同坐跷跷板一样，只要始终保持资金配比的动态平衡，让债券与股票一直处于在上涨中平仓、在下跌中建仓的交易状态，就不必担心无法预测牛熊拐点。

由于笔者水平有限，难免存在疏漏之处，对于本书中的瑕疵，欢迎读者批评指正。

第1章　为什么选择价值投资？

第2章　逃离贫困陷阱

第 3 章　第一轮筛选：偿债能力

第二轮筛选：盈利能力

第 5 章　第三轮筛选：营运能力

杜邦分析

第 7 章　**用《聪明的投资者》武装自己**

第 8 章　量化选股策略

第 1 章

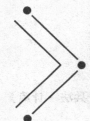

为什么选择价值投资？

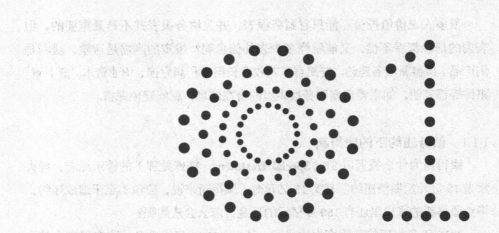

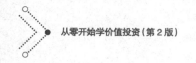

兵者，国之大事，死生之地，存亡之道，不可不察也。——《孙子兵法·计篇》

1.1 财务报表中给出的爆雷信号

很多人说价值投资不能只看财务报表，并且财务报表并不是最重要的。但表内的信息都看不懂，又能看懂多少表外信息呢？投资的刚需是避险，获利是副产品。康得新债务违约、安凯客车营收增长但净利润亏损、华业资本"萝卜章"事件等都表明，如果能读懂财务报表里的潜在信息，就能避免踩雷。

1.1.1 债务违约下的康得新

康得新为什么被冠以ST（Special Treatment，特殊处理）的警示标志，导火索是15亿元短期债违约。其实15亿元对于康得新来说，应该不至于造成违约，毕竟康得新的账户里还有180多亿元的现金，怎么会违约呢？

2018年康得新的三季度报中显示，还有150.14亿元现金。账户里有大笔金额，却无法偿还欠款，只有一种可能——账户里的大笔金额数据是假的。现实中比较容易做假账的就是应收账款。下面就先来看看康得新的应收账款等数据，如表1-1所示。

表 1-1　康得新 2016 年部分财务数据　　　　　单位：亿元

项目	数额
应收账款	48
总资产	264.25
净利润	19.63
商誉	0.59
无形资产	5.05

2016 年应收账款 48 亿元，约占总资产的 18.16%。商誉 0.59 亿元，无形资产 5.05 亿元，并不算高。所以应收账款的占比虽然高，但也不至于影响企业正常运转。

再来看现金流量表中的几项重要指标，如表 1-2 所示。2017 年经营现金净流量高达 36.63 亿元，相对于之前平均值不高的数据，这就显得异常了。要了解经营现金净流量变化如此大的原因，要从康得新 2017 年现金流量表的补充资料入手，如图 1-1 所示。其中，"经营性应收项目的减少"这一项的金额数值变化最大，2017 年比 2016 年多了约 28.35 亿元。

表 1-2　康得新经营现金净流量数据　　　　　单位：亿元

时间	数额
2012 年	2.73
2013 年	2.26
2014 年	4.3
2015 年	8.83
2016 年	−0.48
2017 年	36.63
2018 年	13.1

什么是经营性应收项目？它包括应收账款、应收票据、预付账款、其他应收款、待摊费用、坏账准备期末余额。

计算公式：

经营性应收项目的减少 ＝ 应收账款（期初数－期末数）＋应收票据（期初数－期末数）＋预付账款（期初数－期末数）＋其他应收款（期初数－期末数）＋待摊费用（期初数－期末数）－坏账准备期末余额。

我们把康得新 2017 年资产负债表中涉及的数据代入，其中"期初数"为 2016 年的期末数。"期末数"为 2017 年的期末数，可得：

经营性应收项目的减少 ＝ 应收账款（48－44.09）＋应收票据（1.96－4.32）＋预付账款（7.41－2.48）＋其他应收款（0.22－0.58）－坏账准备期末余额（2.96）。

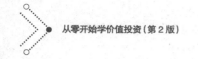

公式中的待摊费用没有计算，因为现金流量表的补充资料中已经包含了。唯有最后一项"坏账准备期末余额"是不确定的。

如果按这个公式来计算的话，相加总值为 3.16 亿元，即经营性应收项目减少了 3.16 亿元。

经营性应收项目减少了，就是现金增加了，可能上面的计算有遗漏之处，但计算出来的数字 3.16 亿元与图 1-1 给出的数字 2.84 亿元也相差不多。

可见问题并不是出在 2017 年的现金流量表中，那么问题是不是出在 2016 年呢？2016 年该公司的应收账款增加了 20 亿元，这也可以解释为什么经营性应收项目增加了约 25.5 亿元。

20 亿元来自 2016 年经营性应收项目的增加，但 2017 年应收账款又减少了约 4 亿元，并且净利润约 24 亿元，经营现金流量净额约 36 亿元。简单计算一下，假设净利润全部收回，共 24 亿元，前面计算出的经营性应收项目的减少金额为 3.16 亿元，图 1-1 给出的是 2.84 亿元，这里按 3 亿元计算，可以得出：2017 年共增加了 27 亿元现金，比报表中给出增加的 36 亿元现金还少。那么无法偿还 15 亿元的短期债，到底怎么回事？

单位：元

补充资料	本期金额	上期金额
1. 将净利润调节为经营活动现金流量：	--	--
净利润	2,475,839,648.00	1,965,043,503.17
加：资产减值准备	29,956,438.44	164,488,091.91
固定资产折旧、油气资产折耗、生产性生物资产折旧	197,938,163.75	181,260,911.65
无形资产摊销	59,049,996.50	56,205,820.43
长期待摊费用摊销	11,177,737.22	646,321.86
处置固定资产、无形资产和其他长期资产的损失（收益以"—"号填列）	238,205.34	627,516.66
公允价值变动损失（收益以"—"号填列）	-850,000.00	
财务费用（收益以"—"号填列）	484,728,351.18	239,765,940.99
投资损失（收益以"—"号填列）	-51,846,083.22	-25,282,857.18
递延所得税资产减少（增加以"—"号填列）	-17,777,905.27	-13,337,307.20
递延所得税负债增加（减少以"—"号填列）	4,772,174.06	-600,825.84
存货的减少（增加以"—"号填列）	8,657,711.11	-148,611,570.27
经营性应收项目的减少（增加以"—"号填列）	284,052,413.99	-2,550,540,994.36

图 1-1 康得新 2017 年现金流量表（部分）

财务报表是所有账目的总目录。做假账不是简单粗暴地改几组数据就能行的，它是一个系统工程。所以我们很难从总目录中看出哪里作假了。而 150 亿元以上的现金，不知道是多少年积累出来的，更加难以发现做假账的具体时间。

2012 ~ 2016 年，该企业每年的现金回流都无法覆盖净利润，如表 1-3 所示。这样的现金状况，即使只进行财务分析中的现金分析也过不了关。问题在于，这样低的现金流净额要怎么才能积攒出账上 150 亿~ 180 亿元的现金，这是存疑的。只是存疑，尚未获得直接证据。

表 1-3　康得新 2012 ~ 2016 年经营现金流净额与净利润数据　单位：亿元

时间	经营现金流净额	利润
2012 年	2.73	4.23
2013 年	2.26	6.6
2014 年	4.3	10
2015 年	8.83	14.34
2016 年	−0.48	19.65

非专业人士无法解决这个问题，即使是专业人士，也很难从这样庞大的工程中找到破绽。那么按照分析方法，从现金的问题来看，盈余现金保障倍数如此低，利润表上的账面利润含金量也不高。既然现金这一关都过不了，作为投资者就应该绕开康得新这样的企业。

1.1.2　营收增长却依然亏损的安凯客车

安凯客车 2017 年营业收入为 54.49 亿元，2016 年营业收入为 47.57 亿元。营业收入增长 6.92 亿元，增幅约为 14.55%。2017 年净利润为 −2.3 亿元，2016 年净利润为 0.51 亿元，净利润下降 2.81 亿元。可以看出该企业在营业收入增长的情况下，净利润反而减少了。

安凯客车自 2018 年 3 月 21 日公布 2017 年年报后，其股价由当天收盘的每股 7.09 元一路下跌至 2019 年 2 月 1 日的每股最低 2.86 元，跌幅约为 59.66%。2018 年 2 月熊市开始，在股市环境低迷的情况下，业绩优良的个股的价格都可能会下跌，更何况业绩出现亏损的企业的股票。

首先，安凯客车的净资产收益率常年低于无风险收益率，近几年其平均无风险收益率都在 4.5% 左右。如表 1-4 所示，除 2010 ~ 2012 年外，其他年份的净资产收益率都低于 4.5%，就连 2012 年也仅为 7.34%。如果所投资企业的净资产收益率远远低于无风险收益率，投资者还不如去买风险相对较小的国债。在这种情况下，安凯客车只有 2010 年与 2011 年的净资产收益率符合筛选条件。

表 1-4　安凯客车 2010 ～ 2018 年净资产收益率数据

时间	净资产收益率
2010 年	10.53%
2011 年	10.61%
2012 年	7.34%
2013 年	−2.77%
2014 年	1.92%
2015 年	3.2%
2016 年	3.96%
2017 年	−19.1%
2018 年	−120.86%

其次，安凯客车的净利润波动过大。经营状况好的企业，净利润即便不能保持长期线性增长，也会在一个大致范围内窄幅波动。

再次，安凯客车的毛利率极低，产品附加值极小，再减去税、费，留给净利润的空间所剩无几。其实投资者看到如此低的毛利率，便可判断安凯客车的主营业务的经营情况并不是很好。该企业几乎无法抵御宏观市场、行业等方面出现的突发事件，即使只是面对企业经营上出现的些许偏差，也很可能没有招架之力。

如表 1-5 所示，安凯客车在 2015 年与 2016 年的毛利率为负数，也就是说，营业收入小于营业成本，产品卖得越多亏得越多。如果再加上税、费，安凯客车在 2015 年与 2016 年的净利润应为负，那为什么这两年的净利润却显示为正呢？

表 1-5　安凯客车 2010 ～ 2018 年毛利率数据

时间	毛利率
2010 年	12.2%
2011 年	12.56%
2012 年	13.58%
2013 年	5.76%
2014 年	8.28%
2015 年	−13.45%
2016 年	−18.04%
2017 年	10.12%
2018 年	4.72%

因为这两年安凯客车得到了很多补贴，这些补贴被计入营业外收入。安凯客车 2015 年获得 13.3 亿元营业外收入、2016 年获得 19.74 亿元营业外收入。如果没有这两笔"意外"的收入，安凯客车在 2016 年后就变成"ST 股"了。虽然 2017 年毛利率上升，转为正值，但这一年几乎仅有 52.47 万元的营业外收入，所以安凯客车在 2017 年还是亏损了。

虽然我们简单地列举这几组可以直接读取的数据，便可以轻易排除安凯客车这只前景不太好的股票。但本小节主要说明的问题是安凯客车的应收账款问题。

应收账款不同于应收票据。应收票据分为银行承兑汇票与商业承兑汇票。通常这两种汇票的差别不太明显，其细微的差别在于：银行承兑汇票由银行作为背书人；商业承兑汇票的背书人则是开票企业，其公信力要打一些折扣。

相比之下，应收账款的稳定程度较低，其真实含义相当于"打白条"。应收账款能不能收回，主要看债务人是否自觉。一个企业有大额的应收账款，并不代表其有真实的购买力。

任何一家企业在经营的过程中，都不可避免地会产生应收账款。我们不能以应收账款的绝对值来分析数据，最简明的方法是用每期的增加额度，对比当期的净利润。例如，生产某种产品的直接成本为 10 元，在生产的过程中产生了 2 元的制造费用，该产品以 15 元的价格卖出，但收货方并未以现金支付，而是打了一张白条，我方以应收账款 15 元入账。账面上看似盈利了 3 元，但实际上企业的现金少了 12 元。账面上的利润不过是"纸上富贵"，没有现金回流作为经营支撑，长此以往，对企业不利。

如表 1-6 所示，安凯客车的应收账款从 2012 年的 5.82 亿元，上升至 2017 年的 20.08 亿元，6 年间增加了 14.26 亿元。但这 6 年间的净利润却为 -0.54 亿元。每年应收账款的增加额都远远高于当期净利润的增加额。

表 1-6　安凯客车 2012 ~ 2017 年应收账款与净利润数据　　单位：亿元

时间	应收账款	净利润
2012 年	5.82	0.96
2013 年	8.21	−0.35
2014 年	9.38	0.24
2015 年	14.49	0.4
2016 年	22.09	0.51
2017 年	20.08	−2.3

还需要注意的是，我们看到的应收账款是计提了坏账准备后的数值，如果将真实的应收账款全部计算进来，数值比现在还要大得多。

不仅没赚到钱，拿到的还是一堆白条，长此以往，安凯客车后续将怎样经营呢？股东的权益就在一失（净利润）一得（应收账款）之间逐渐消磨殆尽。

但有的投资者可能还看到了一丝希望，安凯客车在 2017 年的应收账款为 20.08 亿元，较 2016 年的 22.09 亿元减少了 2.01 亿元。是不是安凯客车在这方面有了起色呢？并不是。2015～2017 年，安凯客车实际上连续 3 年亏损，只不过前两年有额外的补助，才勉强营造出盈利的假象。2017 年的亏损与前两年不同，最重要的导火索便是应收账款。

为什么应收账款减少了，反而成了 2017 年亏损的导火索呢？因为应收账款每年都要计提坏账，在利润表中体现为"资产减值损失"的一部分。

安凯客车在 2015 年的资产减值损失为 1.07 亿元、2016 年为 1.84 亿元、2017 年为 2.33 亿元。在利润表中计算净利润时，要把当年的资产减值损失减去。所以当年的资产减值损失越多，吞噬的净利润就越多。2016 年，资产减值损失中最多的部分为应收账款的坏账损失，共计 1.22 亿元。2017 年，资产减值损失中最多的部分同样为应收账款坏账损失，共计 2.12 亿元。坏账损失越来越多，如果计提比例相同的话，就从侧面说明了应收账款的基数变得越来越大。

至于 2015 年与 2016 年的亏损，其主要导火索是直接成本高于收入，这种状况下，必然越卖越亏。2017 年的直接成本虽然低于营业收入，但过高的坏账损失同样导致了 2017 年的亏损。

1.1.3　华业资本的问题并不在于"萝卜章"

华业资本的毛利率一直在 60% 左右，销售净利率也在 40% 左右，但是在 2018 年前三季度，却出现了负值，也就是说它亏损了。哪里出现问题才导致企业亏损呢？下面一项一项进行分析。

如果营业收入、营业成本、三大费用都没有问题，那问题应该是出在资产减值损失上。如表 1-7 所示，华业资本在 2018 年三季度，仅资产减值损失一项就高达 19.71 亿元。这是在利润表中出现的重大数据变化，在资产负债表中，可供出售金融资产的减值也相当厉害。

表 1-7 华业资本 2013 ～ 2018 年三季度营业收入、营业成本、三大费用与资产减值损失数据 单位：亿元

时间	营业收入	营业成本	三大费用	资产减值损失
2013 年	27.93	15	2.28	0.14
2014 年	27.51	15.91	4.07	−0.09
2015 年	46.81	29.28	4.92	0.44
2016 年	52.03	34.28	6.73	0.52
2017 年	38.62	17.87	7.88	0.48
2018 年三季度	46.95	19.26	5.48	19.71

2018 年年初，可供出售金融资产总额为 70.59 亿元，到第三季度末只剩下 38.23 亿元，少了四成以上。可供出售的金融资产是卖掉了还是减值了呢？大部分是减值了。

2018 年二季度末可供出售的金融资产减少了 6 亿多元，企业给出的信息是投资到期收回，也就是卖出了价值 6 亿多元的金融资产。

2018 年三季度末，可供出售的金融资产减少了约 32 亿元，企业给出的信息有两条，第一条是应收账款投资业务正常回款，第二条是减值。哪个更多呢？假设利润表中 2018 年第三季度报告中给出的资产减值损失，就是可供出售的金融资产的减值损失，也就是损失了近 20 亿元，另外卖了价值约 12 亿元的金融资产。

那么应收账款投资业务到底是什么呢？举个例子，你有应收账款收不回来，或者在开始之前已经产生应收账款，那么我将应收账款的业务买回来了，我先垫付应收账款给你——当然这是打折垫付，然后我再去追账。

应收账款本身就风险极高，因此替别人主动承担应收账款，虽然有折扣上的收入，但整体的风险还是非常大的。所以爆雷问题，不完全是商誉的减值，还包含任何一项资产的减值。

华业资本 2018 年年度业绩预亏公告称，2018 年预计亏损高达 50 亿元。而2017 年华业资本的总资产为 208.53 亿元，净资产为 68 亿元。如果要亏损 50 亿元，净资产还剩下多少？资产负债率又会达到多少？不敢想象。

华业资本是一家房地产公司，那么它的存货和投资性房地产占比高达两位数可以理解。但让人无法理解的是，如图 1-2 所示，华业资本上期期末时可供出售的金融资产为什么在整个资产中占比 33.85%？华业资本的可供出售金融资产以保理业为主，保理业也就是应收账款投资业务，该项业务占比非常高。

单位：元　币种：人民币

项目	期末余额			期初余额		
	账面余额	减值准备	账面价值	账面余额	减值准备	账面价值
可供出售债务工具：						
可供出售权益工具：	224,230,943.20		224,230,943.20	208,250,943.20		208,250,943.20
按公允价值计量的						
按成本计量的	224,230,943.20		224,230,943.20	208,250,943.20		208,250,943.20
其他	6,835,130,000.00		6,835,130,000.00	4,815,780,000.00		4,815,780,000.00
合计	7,059,360,943.20		7,059,360,943.20	5,024,030,943.20		5,024,030,943.20

图1-2　华业资本2017年可供出售金融资产

下面分析华业资本2017年可供出售金融资产，注意图1-2中的"其他"项。既然是其他，也就是说外界无法知道它是什么。一家公司的财务报表越是清楚简单，那么这家公司越可信。相反，一家公司的财务报表语焉不详，那就不可信。在约70.59亿元的可供出售金融资产中，其他项约为68.35亿元，占比接近97%。也就是说，整个总资产中近33%的资产，外界不能直观地看出它是什么。当然话说回来，还是可以查到这是保理业务的。

反过来也就是说，整个总资产中近33%的资产都是风险资产，而且是高风险资产。这笔资产高达68.35亿元，而2017年的净资产也只有68亿元。如果这笔业务失败了，华业资本将赔上所有的净资产。

如果在2018年，投资者能把这份资产负债表中的各项数据的占比拿出来好好看一看，就会明白华业资本的问题并不在于"萝卜章"！

1.2　价值投资在国内没有市场？

价值投资者在国内市场中经常被人误解，很多人认为在国内进行价值投资意味着亏损，以至于认为价值投资在国内没有市场。

1.2.1　价值投资必须长线持有？

巴菲特说过，他一辈子也不会卖出可口可乐的股票。费舍说过，好股票永远没有卖出的机会。

巴菲特只是在二级市场进行收购，把投资的股票看作自家产业，他并不太看重股价一时的涨跌，企业的经营自然会给他带来现金流。费舍投资的摩托罗拉和德州仪器在投资时是成长股，30 年里一直持续增长。

放眼全球，近 30 年我国发展得较为迅速。回过头去看 20 世纪 90 年代的房地产行业，如果投资者当时买了万科 A 股（000002），当年开盘时每股 14.58 元，向后复权则 2018 年每股最高达到 5 931.98 元，上涨了约 405.86 倍。

长期持有只是价值投资的必要条件，而非充分条件。简单来说，价值投资需要很多条件，长期持有只是条件之一。价值投资获取收益有两个过程，一是价值回归，就是 0.5 元回归到 1 元的过程；二是价值升值，也就是 1 元升值到 2 元的过程。

1.2.2 价值投资只买贵的?

一说起价值投资,总会有人提到中国石油(601857)。中国石油的股票好不好? 买了又会怎么样呢? 其实该股上市时 40 多元的价格，就已经超出了价值投资所允许的价格范围。期望其股价回到 40 元以上目前看来比较难。即使它是成长股，也是 1 元买 1 元，或者你可以用折现法给它找一个买入区间。

格雷厄姆的两部经典著作阐述了价值投资的核心理念——物有所值。价值投资不一定是长期持有，如果它回归的速度极快，升值的速度也极快，可能几个月就可以离场。价值投资是要买性价比高的优质资产，并不是买贵的。投资要物有所值，等待所买资产价值回归、价值升值，才是真正的价值投资。

1.2.3 价值投资不是财务投资?

经济学里常讲，过去是沉没成本，沉没成本不是成本，过去对未来毫无用处。这句话虽然正确，但要用在正确的语境下。不了解历史的人，一定会重复历史。未来是很重要，可过去也同样重要。一家正在亏损的企业，投资者只靠规划未来也是几乎无法让它一飞冲天的。投资者首先要了解它为什么会亏损，还有没有机会变好。先把"病"治好了，才能谈生长发育。

只看未来，时间就是风险（请详细阅读彼得·伯恩斯坦的《与天为敌》），因为未来是不确定的，具有很大的随机性。

1.3　为什么选择价值投资？

怎样进行股票交易？简单地说，就是买入然后卖出。表述得相对详细一点，就是低价买入然后高价卖出。但如何判断何处是低价，何处是高价，这就是股票交易的重中之重了。找到低价和高价的位置，至少要分两步走，一步为分析，另一步为预测，二者看似相同，实则不同。

1.3.1　预测不是分析

预测的基本定义是预先推测或测定。分析的基本定义是，将研究对象的整体分为各个部分、方面、因素和层次，并分别加以考察的认识活动。分析的意义在于细致地寻找能够解决问题的主线，并以此解决问题。

举一个非常简单的例子，这个案例出自菲利普·泰洛克和丹·加德纳合著的《超预测》。如何估算出芝加哥的钢琴调音师人数呢？解答这个问题要先估算出以下几个数值。

1. 芝加哥的钢琴总量。

2. 每年给每台钢琴调音的次数。

3. 每次给钢琴调音需要的时间。

4. 钢琴调音师每年平均工作的时间。

芝加哥的人口有多少？超过 150 万但不到 350 万，可以取中间值 250 万。拥有钢琴的人口比例是多少？先预估为 1%，但有些机构应该有更多的钢琴，如音乐学院、音乐厅或酒吧。所以将比例调整为 2%，估计芝加哥有 5 万台钢琴。

钢琴大约需要每年调音一次，调音一次大约需要 2 小时。钢琴师每周工作约 40 小时，每年工作大约 2 000 小时。但调音师在路上还需要一部分时间，所以减掉 20% 的时间，每年工作大约 1 600 小时。

5 万台钢琴调音，调音一次需要 2 小时，总共需要 10 万小时。用 10 万小时除以一名调音师的平均工作时间，得出芝加哥有 62.5 位调音师，也就是 63 位。经过调查，在黄页上可以查到芝加哥有 83 位调音师，但也有不少名字是重复的，所以这个预测基本是准确的。

这个案例把一个大问题分解为若干个小问题，符合"将研究对象的整体分

为各个部分、方面、因素和层次，并分别加以考察"的描述，即符合分析的定义。此案例通过分析的方法给出了最终的预测数据。

我们确定高价和低价的位置同样也需要经过分析和预测这两个步骤。因为预测是给出最后答案，所以我们可以直接把它理解成"分析"这一步的延续。可为什么还要说是两步呢？因为很多人对"预测"的理解是不正确的，它被认为是可以不经大脑思考随口说出结果的行为。比如，现在我们进入老龄化社会了，这是预测的结果。但分析的过程呢？预测者是否看过人口普查数据？这些年我国人均寿命的平均数是多少？老年人的年龄标准是多少岁？有多少人进入了老年人的行列？未来几年又将会有多少人进入老年人的行列？如果他是随口说出来的，那根本没有"分析"这一步，所以他所进行的"预测"并非科学意义上的预测。

我们再回到低价和高价的问题上来，为了确定高价和低价的大致位置，我们也必须走科学分析这一步，最后给出预测。千万不能以"我觉得"这种心态来做投资决策。例如，棉花期货在 2011 年 2 月的报价为每吨 34 870 元，下跌至半价的时候为每吨 17 435 元，此时有着"我觉得"心态的投资者会认为差不多可以买入了。有一些略知技术分析方法的人又觉得，一半不行，要在跌幅为 61.8% 的时候才可以买入。那么当它的跌幅为 61.8%，即每吨 13 320 元时买入就是正确的吗？事实上，2016 年 3 月其价格跌至 9 890 元，所以，"我觉得"是不靠谱的。

1.3.2　基本分析与技术分析

如何通过分析来预测低价位和高价位呢？广为流传的方法有 3 种，第 1 种为基本分析，第 2 种为技术分析，第 3 种为心理分析。心理分析基本上已被两派吸纳，不论是基本分析还是技术分析，分析过程中都会用到心理分析，所以心理分析也不再作为一个单独的分析方法来讨论了。那就只剩下了两大方法——基本分析和技术分析。

本书的设定受众是普通投资者，比较适合普通投资者的是股票，而大多数普通投资者对技术分析并不是很精通，所以在此必须客观地评价一下技术分析在股市中的作用：结论是技术分析比较不适用于股票市场，而更适用于期货市场。那为什么技术分析不适用于股票市场呢？

首先，标的物不同。期货市场的标的物是各种商品，交易双方是买家和卖家，它背后所代表的就是它本身。它本身的价格就是供求关系的直接体现，那么它的一切变动都会反映到价格上，也就是反映到蜡烛（K线）图上，再得出6个基本数据：开盘价、最高价、最低价、收盘价、持仓量、成交量。投资者可以通过这6个基本数据、K线组合形态、价格形态、均线、各种指标、道氏理论、波浪理论等进行技术分析。

技术分析本身具有自我验证的特性，如头肩底形态形成后看涨，知道这个规律的人越多，头肩底形态的成功率就越大。因为人人都知道头肩底形态会涨，就会形成相应的效应。所以背后只代表它自己的商品，能更直接地表现出供求关系，受其他因素的影响会相对少一些。所以期货市场更适合采用技术分析。

而股票背后代表的是企业。正常情况下，企业经营得越好，代表企业股权的股票价格也就越高，反之亦然。但肯定还有一些额外的因素，就是人们对于企业经营前景的预期、经济发展的预期和世界局势的预期等。比如人民币升值对于进出口企业股票的价格是利多还是利空消息呢？日本地震对于旅游业股票的价格是利多还是利空消息呢？住房公积金降低对于房地产企业是利多还是利空消息呢？

每个人思考问题的逻辑不同，可能会引起各式各样的蝴蝶效应。比如钢企去库存可能会引发钢企产量减少、钢材价格升高、建筑业成本提高、适龄青年结婚成本升高、婚恋网企业业绩提高、新生儿出生率下降、养老问题严峻性加重、很多希望小学生源不足以致关闭、民办教师下岗人数增多、进城务工人员增多、城镇化进程加快等一系列结果。

姑且不论这种逻辑对与不对，但一条信息的披露，由于解读方式的不同，确实会引出很多种结果来。那么代表企业股权的股票，其价格也就不仅仅是供求关系的直接体现了，它还承载着许多内容。而技术分析基本上不能直接给出分析后的预测结果。

其次，股票的特性是普涨普跌，而商品期货不是。在股票市场中我们很少看到同一时期内某些股票涨得特别多，而某些股票跌得特别惨。它们通常是在整体环境向好的时候全部上涨，在整体环境不好的时候整体下跌，其区别也仅仅是幅度的不同。

而在期货市场中，同为豆类的豆油价格上涨，黄豆和豆粕很可能就会下跌，反之亦然，这里面存在着套利的关系。同为塑料类制品的PTA、塑料、PVC、PP，也并不都是同涨同跌，因为商品之间存在着互为替代品的关系。同为黑色

系的焦煤、焦炭、铁矿、螺纹钢也并不是普涨普跌，因为这里面存在着互为上下游产品的关系。

那么在股票市场普涨普跌的情况下，用技术分析法又怎么判断哪个涨得更多，哪个涨得更少呢？判断涨跌可以用到技术分析法，但具体到选股又该如何运用技术分析，涨幅又是多少？技术分析通常无法给出这种预测结果。很多技术分析初学者可以信誓旦旦地给出事后推断，但那是事后，临事而决之，才是真正的考验。

在期货市场中，基本分析又是否好用呢？商品期货的基本分析需要掌握的信息太多了，如产能、产量、种植面积、非农数据、库存、销量、天气、政策、罢工、技术等。想要从这些信息里甄别出对分析有用的信息并不容易。并且期货市场都是保证金交易，而基本分析给出的结果通常反应比较慢。如果投资者提前在价格拐点 10% 处给出预测方法，那么相对于交易所占用的保证金来说，就是 100%。所以，期货市场中我并不建议使用基本分析。

以上所述只是我对两个市场和两种分析方法的理解，以及哪个市场更适合哪种分析方法的建议。

1.3.3　除财务分析外的其他方面

若股票市场基本上更适合使用基本分析，那么这种分析包含哪些内容呢？从大的方面来区分，至少有行业分析、概念题材分析和财务分析 3 个方面。此处先介绍前两个方面。

行业分析是甄选成长股必不可少的一步，我用费舍在《怎样选择成长股》一书中举出的例子来说明。费舍给出了 15 个基本的原则，这个例子出现在第一个原则中，即企业的产品或服务是否具有足够的市场潜能，至少在几年内能使销售额实现相当大的增长？

从这第一个原则来看，它的关键词是"市场潜能"，这就表明它属于行业分析的范畴。书中写道，在无线电设备制造商发展电视行业的时候，出现了大量这样的例子——在短短几年内，销售额大幅度上涨；现在通电的美国家庭中，几乎 90% 都有电视，因此销售额曲线再次处于静止状态。因此，在一个拥有许多企业的行业中，产品在越早的时候卖出，企业获取的利润就越多。书中还写道，1947 年，华尔街一位分析人士做了一项调查，内容是关于尚处于初创阶段的电视行业的。他花了大半年的时间研究了大约 12 个主要的电视生产商，得出的结论如下：电视行业的竞争趋于激烈，主要企业的地位将发生重要改变，行业内某些企业的股票将会非常吸引投资者的注意。他在调查中还发现，最短缺的产品之一是和显像管搭配使用的玻壳，经营最成功的生产商似乎是康宁公司（Corning Glass Works）。在进一步调查康宁公司的技术和研究方向之后，该分析人士很明显地看到，在电视行业中，该企业具备非常好的生产玻壳的条件。对潜在市场的估计表明，这将是企业新业务收入的主要来源。并且因为其他的生产线前景普遍不错，这一分析人士把该企业的股票推荐给了个人和机构的投资者。那时该股票的价格大概是 20 美元，后来该股票以 2.5∶1 的比例拆股。10 年之后，华尔街那位分析人士以超过 100 美元的价格卖出股票，这一卖出价格已经等同于拆股前的 250 美元以上。

20 美元买入，250 美元卖出，好像利润并不高。不过请大家注意，250 美元对应的是 10 年后——1957 年的美元购买力。行业分析是如此重要，投资者们经常会用到，因此本书还会讲解一个更好的方法，使投资者进行行业分析时不必这么费神地考验自己的眼光，后文在讲解成长股时会着重讲述这个方法。

那么概念题材呢？我看倒不必太理会，有一次我为了写一篇关于概念题材的文章，向我的老师李群先生咨询今年有多少概念题材被用过了，他一下子列举了将近 20 个。概念题材太多，听的人都应接不暇，更何况是根据概念题材进行交易的人呢？信息量过大，也就不可避免地会遇到更多的伪信息，如何甄别信息就成了一个大问题。并且如果一个投资者知道了这个概念题材是可以利用的，那么大家都会知道，再使用这一分析方法还有什么意义呢？所以我认为概念题材分析在股市中并不是中正之道。

1.3.4 财务分析

最后来说财务分析。财务分析可以让你知道这家企业的内在价值是多少，这有什么用呢？比如说，你去古玩城买一只青花瓷瓶，其内在价值是 100 万元，那么现在市场中有人以 80 万元卖出，你会不会去买？当然会，因为你直接就赚了 20 万元。再设想一下，如果你不知道它的内在价值是多少，市场中有人以 80 万元的价格卖出，你还会不会买？你少了一个参考的对象，在决策时就变得犹豫了。

所以我们通过财务分析得出某家企业的内在价值后，就有了一个直观的参照物，然后再比较内在价值和现在市场的价格，价格超过价值时不买，价格低于价值时买入，股票交易遵循的就是这么简单的道理。

可能你会问，市场整体看低的情况下，虽然价格低于价值，股票价值是属于被低估的，可我们买了以后，价格还在下跌，那不是亏损了吗？我们还是回到那只青花瓷瓶上来，其内在价值是 100 万元，你花了 80 万元将它买回来，市场价格已继续下跌至 60 万元，此时你亏了吗？如果此时有人再以 60 万元的价格卖出一只，你买还是不买？

首先回答第一个问题，你花了 80 万元买了一件价值 100 万元的东西，你亏了吗？当然不亏，只是现在市场低迷，价格并未回归价值而已。再回答第二个问题，60 万元一只青花瓷瓶，你还会再买吗？如果你有余钱，当然会再买了，60 万元买 100 万元的东西，为什么不买？有人会说，那账面上确实是亏了啊。

下面我就引用格雷厄姆的话来阐明其中的道理：股票市场短期来看是一台投票机，它是一群人对于未来的一种投票结果，但投票结果并不等于真实结果。格雷厄姆还说，从长远来看，市场还是一台称重机。价格围绕价值上下波动，只要时间足够，价格总要回归价值。所以从长期来看，市场变成称重机的时候，它自然会还你一个公道。

此时这里的关键词就是"时间"了，在价值投资的过程中你至少要等那么一段时间。这段时间有多长？我不知道，但我可以大致给你计算一下。上海证券综合指数（简称上证综指）见顶分别是在 1993 年、2001 年、2007 年、2015 年，时间间隔分别是 8 年、6 年、8 年，平均约为 7.33 年。如果从底部到顶部、顶部到底部用时基本相等，则底部到顶部用时约为 3.67 年。所以你从底部买入、等到顶部卖出，需要大约 4 年的时间，也就是说你对这笔钱要做好 4 年不会动用的打算。

所以你只能用闲钱来投资，不能用必需的生活费、医药费、教育经费等来投资，你必须付出机会成本，用时间来换取收益。

1.4 财务分析要用到的工具

财务分析用到的工具非常简单，只有 3 张报表——资产负债表、利润表、现金流量表。虽然只有 3 张表，但其涵盖的信息量非常大。你唯一要做的就是坐下来，踏踏实实地算一笔账。为了计算方便，再用 Excel 表格作为辅助计算的工具。若你用不习惯，用计算器也可以。

我将 3 张报表的详细格式贴在下面，并已将经常用到的项目加黑加粗，请格外注意，分别如表 1-8、表 1-9、表 1-10 所示。

表 1-8　资产负债表

项目	期末余额	期初余额
流动资产		
货币资金		
交易性金融资产		
应收票据		
应收账款		
预付款项		
应收利息		
应收股利		
其他应收款		
存货		
1 年内到期的非流动资产		
其他流动资产		
流动资产合计		
非流动资产		
可供出售金融资产		
持有至到期投资		
长期应收款		
长期股权投资		
投资性房地产		
固定资产		
在建工程		
工程物资		
固定资产清理		
生产性生物资产		
油气资产		
无形资产		

续表

项目	期末余额	期初余额
开发支出		
商誉		
长期待摊费用		
递延所得税资产		
其他非流动资产		
非流动资产合计		
资产总计		
流动负债		
短期借款		
交易性金融负债		
应付票据		
应付账款		
预收款项		
应付职工薪酬		
应交税费		
应付利息		
应付股利		
其他应付款		
1 年内到期的非流动负债		
其他流动负债		
流动负债合计		
非流动负债		
长期借款		
应付债券		
长期应付款		
专项应付款		
预计负债		
递延所得税负债		
其他非流动负债		
非流动负债合计		
负债合计		

续表

项目	期末余额	期初余额
所有者权益（股东权益）		
实收资本（股本）		
资本公积		
减：库存股		
盈余公积		
未分配利润		
所有者权益（股东权益）合计		
负债和所有者权益（股东权益）总计		

表 1-9　利润表

项目	金额
营业收入	
减：营业成本	
税金及附加（原为"营业税金及附加"）	
销售费用	
管理费用	
财务费用	
资产减值损失	
加：公允价值变动收益	
投资收益	
其他收益	
营业利润	
加：营业外收入	
减：营业外支出	
利润总额	
减：所得税	
净利润	
每股收益	
基本每股收益	
稀释每股收益	

表 1-10　现金流量表

项目	期初余额	期末余额
一、经营活动产生的现金流量		
销售商品、提供劳务收到的现金		
收到的税费返还		
收到的其他与经营活动相关的现金		
经营活动现金流入小计		
购买商品、接受劳务支付的现金		
支付给职工以及为职工支付的现金		
支付的各项税费		
支付的其他与经营活动有关的现金		
经营活动现金流出小计		
经营活动产生的现金流量净额		
二、投资活动产生的现金流量		
收回投资所收到的现金		
取得投资收益所收到的现金		
处置固定资产、无形资产和其他长期资产所收到的现金		
收到的其他与投资活动有关的现金		
投资活动现金流入小计		
购建固定资产、无形资产和其他长期资产所支付的现金		
投资所支付的现金		
支付的其他与投资活动有关的现金		
投资活动现金流出小计		
投资活动产生的现金流量净额		
三、筹资活动产生的现金流量		
吸收投资所收到的现金		
借款所收到的现金		
收到的其他与筹资活动有关的现金		
筹资活动现金流入小计		
偿还债务所支付的现金		
分配股利、利润或偿付利息所支付的现金		
支付的其他与筹资活动有关的现金		

续表

项目	期初余额	期末余额
筹资活动现金流出小计		
筹资活动产生的现金流量净额		
四、汇率变动对现金的影响		
五、现金及现金等价物增加额		
加：期初现金及现金等价物余额		
六、期末现金及现金等价物余额		

本章逻辑链

1. 通过康得新、安凯客车、华业资本的财务报表，投资者可以发现各种数据变化异常，经过分析后可避免投资这类企业。

2. 这些计算所使用的知识，在价值投资中都是最基础的。价值投资在我国不仅有可为，还有很大潜力。而价值投资在我国被低估，原因在于至少有 3 个认知误区：必须长线持有；只买贵的；价值投资与财务分析没关系。

3. 股票投资至少有两种分析方法：技术分析和基础分析。期货交易更适合进行技术分析，股票交易更适合进行基础分析，所以在股票交易中应选择以价值投资为手段的基础分析。股票代表的是其背后一个个鲜活的企业，阅读财务报表，就像阅读一个家庭的账本一样，不仅有用，还很有趣。

4. 财务分析通常只需使用 3 张报表：资产负债表、利润表、现金流量表。

第 2 章

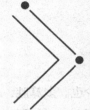

逃离贫困陷阱

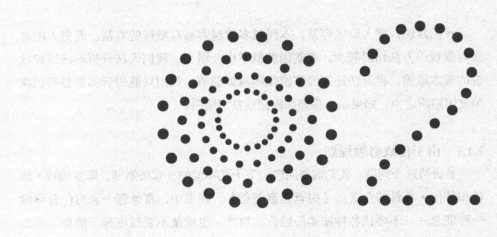

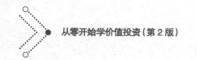

夫未战而庙算胜者，得算多也；未战而庙算不胜者，得算少也。多算胜，少算不胜，而况于无算乎！吾以此观之，胜负见矣。——《孙子兵法·计篇》

2.1　生产可能性曲线

我们常说，富人赚钱容易，本钱越多就越容易有赚钱的方法。而穷人的本钱与赚钱的方法相对较少，则贫困的概率也会增大。我们无法分析形成这种状况的根本原因，也无法还原经济演化的具体细节；我们只能告诉你你是否已深陷贫困陷阱之中，如果是，你该如何摆脱贫困陷阱。

2.1.1　由于稀缺必须规划

要讲清这个问题，我们需要回顾一下十几年前的一本畅销书，即罗伯特·清崎和莎伦·莱希特合著的《穷爸爸富爸爸》。在书中，富爸爸一直对作者灌输一种理念——不要让各种账单侵蚀你的资产，也就是不要过度超前消费。当然合理的超前消费是必需的，也是必然的。

为什么富爸爸要给作者灌输这种理念，因为从经济学的观点来说，资源或你的资产永远处于稀缺的状态。比如，我们赖以生存的煤炭、石油、森林、水等资源总有一天会枯竭，甚至包括阳光——太阳也有消失的一天，那么如何使用这些稀缺的资源来维持我们的生存？是将它们全部用于建造高楼、生产汽车，以供人

们享受生活，还是用它们来制造宇宙飞船去探索其他行星上的资源？是将它们全部变成生活用品，还是用它们来制造更多的机器再生产更多的商品？既然资源是稀缺的，你总得对它有一个规划。

我们每个人的资产也是稀缺的，不论你一个月赚 3 000 元，还是一周赚 10万元，它都是稀缺的，因为人的欲望无法满足。如果你一个月赚 3 000 元，那么，哪些是用来付房租的，哪些是用来吃饭的，哪些是用来读书的，也需要规划，这样才能让有限的资产发挥更大效用。

资源稀缺的属性必然促使我们做出各种各样的决定。每月可以看一场电影或买两本书，你将如何决定？每月可以吃 50 千克肉或 100 千克蔬菜，你将如何决定？每月可以使用 30 天冰箱或使用 15 天空调，你又将如何决定？做一件事而失去做另一件事的机会，我们将这种失去的机会称为机会成本。

在生活中，资源或资产同样处于这种状态。你如果去读大学，每年的学杂费为 6 000 元，4 年下来共 24 000 元，那么你读大学的成本就是 24 000元吗？按照估算，同龄人每月的最低工资为 2 200 元左右，4 年的工资为105 600 元，这就是读大学的机会成本。那么你读大学的总成本就变成 129 600（24 000 + 105 600）元了。

当然，你读了大学后能找到更好的工作的概率更大。假设大学毕业后你的工资为每月 5 000 元，那么按 10 年来计算，减去成本后的收入为 576 000（5 000×12×10 - 24 000）元，而不读大学直接工作 10 年的收入为 264 000（2 200×12×10）元。如果将时间拉长，收入的差距可能会越来越大。

既然资源是稀缺的，并且做任何事都会付出代价——机会成本，我们就可以利用这两条定理来推导出我们需要的东西。如果我们生存只需要两种东西，一种是食物，另一种是剑，利用有限的资源生产这两种东西。如果资源全部用来生产食物，就没有资源来生产剑，反过来也一样。但我们不会那么死心眼儿，既然两种东西都需要，就通过不同的资源分配方式，将两种东西都生产一些。需要注意的是，生产数量的任何规划方式都是竭尽全力去生产的结果。再多生产 1 千克食物，或者再多生产 1 把剑都是不可能的。如果把上面的描述画出来，将得到一张二维图，其中 A～F 点为剑与食物不同生产数量的最大可能性生产规划方式，如图 2-1 所示。

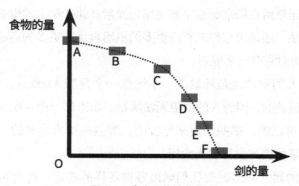

图 2-1　生产可能性曲线

　　这条曲线有一个特定的名称——"生产可能性曲线"。可能性就表示了生产有多种选择，如何安排生产，取决于个人。你可以将资源全部用于生产食物，但当有外敌入侵的时候，你可能就没有足够多的剑来防御。你也可以全部生产剑，虽然可以防御外敌，但可能会发生饥荒。事实上你可以根据不同情况来选择如何生产，如果在和平时期，可以少生产剑多生产食物；如果在战争年代，则可以牺牲一部分原本用于生产食物的资源来多生产剑。

　　如果你生产食物和剑的数量恰好在这条生产可能性曲线上，则说明你将资源利用得非常好，没有剩余资源。如果生产的数量在生产可能性曲线之内，那就说明你没有充分利用资源，还有剩余资源，如图 2-2 中的规划 G 所示。

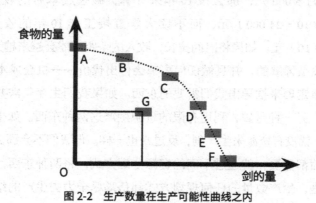

图 2-2　生产数量在生产可能性曲线之内

2.1.2　影响生产可能性曲线外移的因素

　　生产数量有没有可能在生产可能性曲线之外呢？在所给定条件不变的情况下，绝无可能。因为那条曲线是资源利用率最大化的呈现结果，除非在生产技

术上出现了革新，比如原来生产一把剑用 10 单位的铁，经过技术创新变成一把剑只需要 5 单位的铁了，那么你就可以生产数量为原来两倍的剑了，这样就将生产可能性曲线外移了，如图 2-3 所示。现实生活中有很多这样的例子，如杂交水稻之父袁隆平先生的技术创新。

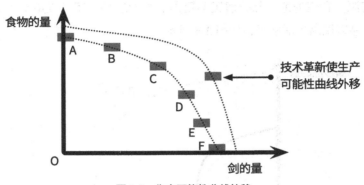

图 2-3　生产可能性曲线外移

　　我们一直在说资源的稀缺性和机会成本，就是为了引出生产可能性曲线。只有真正理解了生产可能性曲线的意义，你才会知道如何摆脱贫困陷阱。先从大的方面来看，一个资源匮乏的地区，他们只能将有限的资源用在填饱肚子上。因此他们会将大量的资源用于生产食物。如果他们有生产工具的话，就会提高效率。可在现有的条件下，他们连制造生产工具的能力都没有，他们每年都在不停地为吃饱饭而努力。那么这样的地区的生产可能性曲线是什么样的呢？如图 2-4 所示。

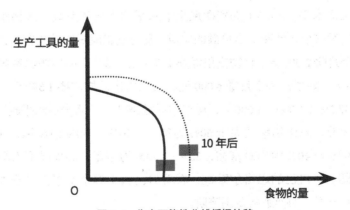

图 2-4　生产可能性曲线缓慢外移

　　最初的资源几乎全部被食物生产所占用，由于只能生产很少的可以提高效率的生产工具，食物产量基本上停滞不前，只能维持温饱。以至于 10 年后，生产可能性曲线也没有多大幅度的外移，并且食物生产还是占据着大量有限的资源。在这种状况下，资源匮乏的地区想要发展起来，举步维艰。它可能需要较长时间才能达到超越温饱的发展水平。恶性循环下，资源匮乏的地区已深陷贫困陷阱。

那么反观生产力水平高的地区，它们有着相对于资源匮乏的地区来说存量巨大的资源，它们的绝大部分居民不用为温饱而发愁，还可以用更多的资源来生产奢侈品以提高生活水平，如图 2-5 所示。

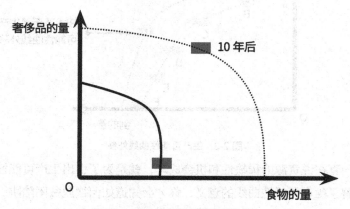

图 2-5　生产可能性曲线迅速外移

10 年后，不但生产可能性曲线大幅外移，并且生活必需品中的食物的生产也逐渐降低了占用资源的比例。从这一点来说，生产力水平高的地区的生活水平是不断提高的。

说到生活水平，不得不提到衡量生活水平的恩格尔系数。恩格尔系数就是食物支出总额占个人消费支出总额的比重，食物支出就是维持生存必需的支出。如果你每个月赚 2 000 元，食物支出需要 1 500 元，那么你的恩格尔系数为 75%（1 500 ÷ 2 000）。如果你每个月赚 4 000 元，食物支出同样需要 1 500 元，你的恩格尔系数为 37.5%（1 500 ÷ 4 000），恩格尔系数越低，说明生活水平越高。

按照标准，恩格尔系数大于 60% 为贫穷，50% ～ 60% 为温饱，40% ～ 50% 为小康，30% ～ 40% 为相对富裕，20% ～ 30% 为富足，20% 以下为极其富裕。你可以计算一下自己的恩格尔系数，看看自己属于哪个水平。对号入座以后，我们来思考一下，如何逃离贫困陷阱。

举个例子，假设我的父母都是普通的建筑工人，在 20 世纪 90 年代初，他们赚的钱要比其他的亲戚多得多。而 90 年代中后期以后，那些接受过高等教育的

亲戚们逐渐赶超我家，我家反而成了其中相对贫困的家庭。关于这个问题我们在前面讲机会成本的时候已经给大家清楚地讲解过了。为什么我的家庭会陷入贫困陷阱？

按照我们前面的例子，前 4 年中，我的父母没有机会接受高等教育，而是在赚钱养家。同样也可以画出生产可能性曲线，横坐标是赚钱，纵坐标是接受教育，纵坐标为零且横坐标为最大值。但后面的 6 年中，由于那些接受了高等教育的亲戚的收入起点要比我父母高得多，他们的生产可能性曲线本身就比我父母的生产可能性曲线更偏向外侧。在这样的循环中，他们的曲线迅速向外移动，而我家的曲线则是极其缓慢地向外移动，其间多次停顿或向内收缩，所以我家掉入了贫困陷阱。假如我的岳父，在有了孩子的情况下坚持去读书，提高自己的能力。这样他的生产可能性曲线的起点就比一般人高一些，并且也更容易向外移动。

如果是同等收入的人，他们的恩格尔系数不会差很多。所以除了食物支出以外，剩余的收入如何规划也是将人们的贫富差距拉开的重要原因之一。如果将二维图的两个坐标换成储蓄和消费，你将如何决定？如果将坐标换成接受再教育和消费，你将如何决定？如果将坐标换成投资和吃海鲜，你又将如何决定？你可以根据你的需要画出各种生产可能性曲线，来判断哪些决定能使你的生产可能性曲线在未来向外移动。

同样的资源，却有两种不同的生产选择。一种是生产适量的食物，然后将其他的资源用来生产提高生产效率的机器；另一种是全部生产食物，将多余的食物用来酿酒喝。你认为哪种方式将让你陷入贫困陷阱呢？

我们回到《穷爸爸富爸爸》这本书的内容，那些吞噬资产的账单是从哪里产生的？

可能你按揭购房（关于买房还是租房的问题，我们在后面的章节中会给大家详细讲解），每月将有限的收入中的一部分甚至是大部分还给银行。那么剩余的收入你是否仅够填饱肚子？按揭购房后，你的生产可能性曲线将在 10 年、20 年甚至 30 年内都不太可能再向外移动。

可能你在购物平台中无节制地消费，而每月收到一封邮件赞许你是购物达人的时候，你的表情是哭还是笑？可能你潇洒地刷着信用卡，而在每次拆开信用卡账单的时候，你的心里是苦还是甜？同样的资产，是用来购买无用的商品，还是用来增加投资或进行储蓄？这些都是影响你的生产可能性曲线能否向外移动的因素。

当你可以不用剩余的收入买一部新款手机,而用它来接受更高等的教育的时候,请不要犹豫。当你可以不吃一顿海鲜,而能增加一部分可靠投资的时候,请不要犹豫。当你可以不是发呆一天,而是用这些时间看书的时候,请不要犹豫。还有很多这种类型的选择。当你面临这些选择的时候,请你一定要想一想生产可能性曲线。

如果某一项选择或决定,在几年内都不能使你的生产可能性曲线外移,那么这些选择和决定都有可能使你陷入贫困陷阱。总而言之,影响生产可能性曲线外移的因素,第一个是自身的能力,第二个是效率,第三个是能否合理地运用有限的资源,对资源的合理利用可以让生产可能性曲线的起点更高、向外移动的速度更快。逃离贫困陷阱的关键,就是在任何情况下,都要做出相对正确的选择——尽可能地外移生产可能性曲线。

2.2   投资是一项工作

"投资业务是以深入分析为基础,确保本金的安全,并获得适当的回报。不满足这些要求的业务就是投机。"这是格雷厄姆在《聪明的投资者》中给出的"投资"与"投机"的区别。

在格雷厄姆的眼里,投资至少有 3 个层次,第一是要深入分析,第二是要确保本金安全,第三是要获得适当的回报。深入分析是指哪些分析?如何确保本金安全?适当的回报又是多少?下面将一一进行讲解。

2.2.1   深入分析

本书是一本关于怎样在金融市场中投资理财的书,那分析的对象就是股票、债券、企业等相关方面。想要进行深入分析,必须先学习分析方法。如果连分析方法都无法掌握,何谈分析?

如果你是一个基础分析者,至少要考虑以下几个问题。

1. 资金应该怎样打理。较为理性的结论是将一部分资金用于风险投资,另一部分用于无风险投资。

2. 风险投资和无风险投资应该怎样配比。较为理性的结论是配比方式宜为

25 ：75、50 ：50、75 ：25，至于何时用何种配比方式，要看具体情况。

3. 买股票要了解哪些方面。较为理性的结论是要了解企业本身的经营状况如何、财务状况是否稳健、企业所处的是朝阳行业还是夕阳行业、企业是稳健型的企业还是高风险的企业。这些问题都解决了，再看价值是否合适，也就是你要知道这家企业的内在价值是多少，然后才考虑买与不买的问题。

4. 如果我不信任价值投资怎么办。另一条路是技术分析，你至少要从月线看到周线、从周线看到日线，从大方向上了解现在的价格处于什么位置；各种技术分析知识你也必须掌握，必须从这些交易手段中建立一套自己的交易系统，包括交易什么、交易多少、何时买入、何时加仓、何时止盈、何时止损。

这只是深入分析的九牛一毛，其中任何一点单独拿出来，都可以作为一个系统进行阐述。深入分析是一个前提，是一切交易的准备工作。

2.2.2　确保本金安全

格雷厄姆在《聪明的投资者》的最后一章（作为投资中心思想的安全边际）中单独说到了这个问题。我曾经打过一个比方，如果一颗炮弹的破坏半径是 10 米，你要离这颗炮弹有多远？ 10.01 米、15 米、20 米还是 100 米？当然越远越安全。到破坏边缘的距离，就是你的安全边际。

这就是市场价格可以利用的地方。一家企业的内在价值为每股 10 元，你用 9 元买入，你的安全边际就是 1 元；你能 7 元买到，你的安全边际就是 3 元；你能 4 元买到，你的安全边际就是 6 元。当然市场有时不会给你那么大的安全边际，所以格雷厄姆一直在强调"物有所值"，只要物有所值，你就有了安全边际。

有了安全边际就能确保你的资金安全。很多人 8 元买了股票，跌到了 6 元，他说我亏钱了。他说的对不对？要看他有没有安全边际。举个例子，我计算海螺水泥（600585）的内在价值至少为 33 元。如果我以 20 元买入，价格跌到 15 元，这种情况不能叫亏损，只是我们买入的时候安全边际有点小而已，价格围绕价值波动，在时间足够长的情况下价格都会回归价值。如果我们以 40 元买入，然后股价跌到 30 元，这种情况才叫亏损，因为你买东西的价格超出了其内在价值，不是物有所值。

所以亏不亏损、本金是否安全，全看你是在内在价值之上买的，还是在内在价值之下买的。也就是说，亏不亏损要看你有没有安全边际，是不是物有所值。

即使你 40 元买入，涨到了 50 元，你也赚钱了，但这并不是正确的做法。用错误的做法赚了钱，比用正确的做法亏了钱，还要可怕。因为你一旦用错误的做法赚了钱，你就会把错误当成正确，越陷越深。

还有一种可能性，虽然我以 20 元买入，价格跌到 15 元了，但我至少还有 13 元的安全边际，可我现在要用钱，所以我不得不认亏卖出。格雷厄姆专门说到了这个问题，在内在价值之下的价格波动，不是实际的亏损，而不得不卖的情况才会造成真正的亏损。

所以我并不建议你用生活费等各种生活必需的资金来投资，应在有闲置资金时再入市。

2.2.3　适当的收益

多少是适当？在价值投资中最简单的一种计算方法就是看你的收益能不能比得上无风险收益。无风险收益率可以近似地看成是长期债券利率，如果长期债券利率为 5%，你投资的企业每年的收益率必须超过 5%，这是一个基本原则。

但要注意的是，企业每年的收益率超过 5%，并不是说你买入股票的价格每年上涨超过 5%。你一旦买入股票，就应该意识到你持有的不是股票，而是企业的股份。只有企业经营得好，你手中的股票的价格才会上涨。股票市场是一台投票机，低迷的时候，不管企业经营得好坏，也不管企业内在价值的高低，股价可能就是一路下跌。通过 2.2.2 小节，我们可以推断出这种价格波动并不代表真正意义上的亏损。

在有了收益率下限之后，我们还要寻找一个收益率上限。在《聪明的投资者》一书中，格雷厄姆举了几个例子：如果你是一个寡居的老妇人，如果你是一个中产阶层的中年人，如果你是一个刚毕业的学生，你的预期收益率分别是多少？

个人因素和所处环境不同，预期收益率可能也会不同。

千万不要预期自己几乎不能达到的收益率。就像减肥一样，如果你定的目标是一个月减 25 千克，我估计你的减肥计划会失败，因为你看不到希望。而如果你定的目标是一个月减 1 千克，这个计划基本能实现。

适当的收益就是合理的收益，也是符合你的处境、特点的收益。根据这些信息，你可以选择防御型计划或激进型计划，收益性、安全性、流动性是你要考虑的 3 个基本要素。比如老人进行投资时，收益性可以考虑低一点，但资金一定要有高安全性、高流动性。因为老人容易生病，一旦需要用钱，股票不能马上变现，风险就会较大。

有些投资者急功近利，不论是在金融市场中，还是在日常生活中，都喜欢定一些不切实际的目标。比如，收益的获取速度要快，不能亏，只能赚；赚得少不行，一个月要有 30% 的利润。要知道，欲速则不达。长期慢而稳的复利，才是真正聪明的投资。

2.3　股市的风险在于价格？

投资房地产，除了价格你还在意什么？地段？楼房质量？投资某个项目，除了价格你还在意什么？安全性？盈利能力？现金回流？可有的投资者在交易股票时，除了价格以外什么也不关心。不在乎这只股票背后的企业是做什么的，不在乎这家企业破产清算的概率，不在乎这家企业每年有多少收益，不在乎这家企业有多少现金流入！而只在乎价格！或者再直白一点，这些投资者可能只在乎氛围，因为别人都买了，所以他们也买一点。

买菜不反要讲价，还得看看菜的质量，而投资者将大笔的积蓄投入股市时，如果没有丝毫警觉，未免有些草率、鲁莽，甚至不负责任。交易股票就像做生意，靠的是股票背后的企业赚钱，而不是利用价差来赚钱。如果企业的经营状况好，就像走在磐石上，不论现在的价格怎样波动，它都会回归价值。如果企业的经营状况不好，就像走在流沙上，随时会陷入无底洞中。

我们再想一想这个问题，股票的真正风险在于价格吗？价格好像只是表象。真正的风险在于买入的股票的价值是否配得上你出的价格。从这一点推论，我们至少可以得出 4 个更深层次的因素。

2.3.1　骨架太小撑不起肉

暴风集团（300431）于 2015 年 3 月 24 日上市，该股票开盘价格为 7.14 元，一路飙升至 327 元并连续涨停，上涨幅度约为 4 480%，并且在 140.8 元之前，投资者几乎没有机会买入。如果不是打新股时就持有暴风集团的股票，投资者的成本价不会低于 140.8 元。暴风集团上市初期走势如图 2-6 所示。

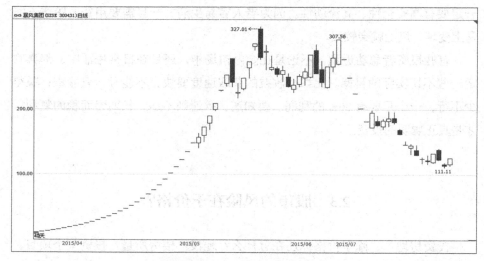

图 2-6　暴风集团上市初期走势图

2014 年年底，暴风集团的每股净资产为 3.19 元，按最低成本 140.8 元计算，投资者也要花费约 44.14 倍每股净资产的资金才能买入该股票。相当于资产净值为 100 万元的房子，你要花 4 414 万元买入，并且还想靠它盈利，这合理吗？并且我们知道暴风集团的主营业务为互联网视频服务，到底什么样的盈利模式能支撑它高达 327 元的股价？

股价高企后，2015 年 7 月 13 日至 7 月 17 日，连续 5 个跌停板，暴风集团的股价跌至 181.61 元，此时投资者有机会可以平仓，还有约 29% 的利润。这个平仓时机只有 9 个交易日，其后股价一路下跌至 39 元。如果投资者没有抛售，此时的亏损率会达到 72%。

假设我们按照格雷厄姆的买入策略，并且进一步假定暴风集团其他方面一切正常。它的每股收益是多少？2011 年为 0.55 元，2012 年为 0.62 元，2013 年为 0.43 元，2014 年为 0.47 元，2015 年至第三季度末只有 0.09 元。我们往好了看，2015 年的不算，前四年的平均收益约为 0.52 元，按照 20 倍正常市盈率计算，也就是 10 元左右。这么说，暴风集团上市的价格还是比较适宜的。

你可能会说，我不管它什么账面价值还是每股收益，我就知道 140 元买 327 元卖能获得收益。这里有两个问题：第一，筹码主要分布在 240 元以上，140 元买到的可能性不大；第二，股价何时上行至顶部是几乎无法准确预测到的。普通投资者通常不知道哪里是顶部哪里是底部，但按我对价值投资的理解，通常股价超过 10 元就是高估了其内在价值；并且即使错过了这一波行情，也至少是安全的，投资者没必要去冒这个险，也不应该拿自己的积蓄去博一个看上去很好但风险极高的机会。至 2019 年，暴风集团的股价果然下跌至 10 元以下，如图 2-7 所示。

股票真正的风险之一在于买入的股票价格过高，高于价格背后所代表的资产。

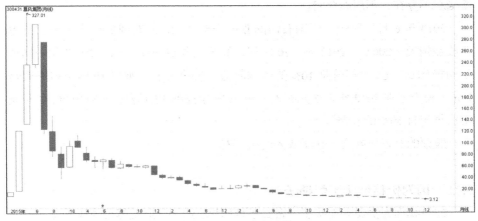

图 2-7 暴风集团月线

2.3.2 投资收益不成正比

我们拿中国石油来举例，虽然这个例子已经被无数人说过了，但这个反面教材确实很有教育意义。中国石油于 2007 年 11 月上市，想买入中国石油的人对于该行业的分析没有错，至少在可预见的几十年内，中国石油在行业中的地位是很高的。

行业分析没问题，财务分析也没问题，问题就是价格太高了且时机不对。在 2007 年上市前，2004 ~ 2007 年中国石油每股收益分别为 0.55 元、0.72 元、0.76 元、0.75 元，4 年平均收益约为 0.7 元，乘以 20 倍正常市盈率，为 14 元。就当年的形势来看，14 元算是它的正常价值。而上市开盘即为 48 元，溢价 3.4 倍。还能买吗？当然那时不应买，但等合适的机会到来时也可以考虑。

我们总说市场就是一个脾气古怪的人，格雷厄姆称它为"市场先生"。市场先生情绪波动很大，有时盲目乐观，认为明天会更好，所以它会给出非常高的价格，你跟它买也行、跟它卖也行，它都接受；有时候它又悲观沮丧，认为明天就是末日，所以它会开出一个非常低的价格，依然是你跟它买也行、跟它卖也行，它都接受。

既然我们交易的对象没有变化，都是中国石油，只是价格在市场先生的"情绪"作用下不断地变换着，那么我们一定要利用好它。当它开价非常低的时候，我们就趁机买入；当它开价过高的时候，我们就卖出。它开价不高不低，我们就当它不存在，不用理会它。

2013年6月的时候，中国石油的股价跌至7元，此时我们再来看看它的每股收益情况。2004～2013年，10年间每股平均收益为0.7元，投入7元平均每年回报你0.7元，1年就是10%的资本收益。价格方面，乘以10倍市盈率就是7元。投资者在2013年以7元买入，至2015年涨到15元多，不算股息，2年间平均每年有50%的收益。

股票的真正风险之二在于买入时机不对。

2.3.3　因为价格低买了烂柿子

如果我因为贪便宜而买了一台二手打印机，结果其后的修理费用加上成本，几乎可以买入一台新的打印机了！初入行的时候，我以为低价就是低估，所以我买入了全市场股价最低的股票——长航油运。现在我已经找不到它的财报了。由于我的天真，最初我没有分析为什么它的价格如此之低；后来看长航油运的财报，才发现它接连几年亏损，财报中显示了各种危机。

风险极高的企业，其股票的价格再低也不能买，因为债权是第一追索权。如果有一天它被迫清算破产，拍卖所得的钱都要先偿还债务，而后才是维护股东的权益。现在长航油运已经退市了。如果你有兴趣打开贵州茅台（600519）的财务报表，按格雷厄姆的方式来计算，近200元左右的股价也是低估。

股票的真正风险之三在于错将低价等同于低估，为了贪便宜而买劣质股票。

2.3.4　覆巢之下安有完卵

我不知道股票市场中有没有原来生产VCD机的企业，如果有，并且你还买了这家企业的股票，现在是什么情况？几乎没有人用VCD机了，所以其行情可想而知。现在市场中对应的例子就是钢铁股，虽然我不知道钢铁生产成本是多少，也不知道每吨钢材的利润是多少，但我明白一点：不论其他条件怎么变化，钢铁生产企业的生产成本都不会有太大的变化。

我们打开期货报价软件，螺纹钢的每吨报价由 2011 年 2 月的 5 185 元一路下跌，其间只小规模反弹过两次，至 2015 年 12 月每吨最低报价降为 1 616 元，下跌约 68.83%，如图 2-8 所示。

图 2-8 螺纹钢月线走势图

生产成本基本没有变化的话，那么企业的利润相比之下就会随之大幅度下降。一个行业、一家企业，在这种经济循环的背景下，利润连续下滑，我们能做的就是避开它们，有多远避多远，直到经济周期有利于钢铁行业后，再回过头来考虑钢铁股。

武钢股份（600005）2010 年每股收益为 0.22 元，2011 年为 0.11 元，2012 年为 0.02 元，2013 年为 0.04 元。2012 年和 2013 年它的股价徘徊在 2 元多，资本收益率不到 1%，低于定期储蓄的利率，那还不如将资金存入银行，活存活取也有 0.3% 的利息。所以，在这种经济背景下，也不能够买入钢企股票，还是要等机会。

股市的真正风险之四在于不避开行业低迷期。

总之，股市短期来看是一台投票机，谁也不知道价格背后是什么；而从长期来看，股市是一台称重机，它会让高估的价格回落，让低估的价格回归。

股市的风险不在于价格，而在于背后资产的优劣，在于收益高低，在于时机是否准确，在于经济规律。但利用短期价差赚钱的风险太大，不适合普通投资者，也不是长久之计。

本章逻辑链

1. 我们每个人都可能落入贫困陷阱，而逃离贫困陷阱的唯一方法就是将生产可能性曲线外移。也只有投资才能使生产可能性曲线外移。不论是投资使用工具、投资自己的认知能力、投资人与人之间的亲密度，还是投资思维的注意力来提升自己。总之，不投资就无法逃离贫困陷阱，而股票投资正是逃离方法之一。

2. 我们要把股票投资当成一项工作，要持之以恒，不能"失业"。要做好这项工作，必须满足3个条件。首先要深入分析，所谓工欲善其事，必先利其器；其次要保证本金安全，巴菲特说盈利的秘诀就是避免亏损；最后是心态问题，预期回报要合理，不急不躁。

3. 股票投资是一项风险投资，我们怎么样才能尽量地规避风险呢？亏损很容易，而盈利却很难，不过这只是表象。亏损的根源在哪里？无外乎被价格所迷惑。股市的风险并不在于价格，而在于股票背后的价值是否配得上其价格。

4. 如果我们透过表象看到了本质，把能带来亏损的所有操作都反过来做，盈利也会变得较为容易。

第 3 章

第一轮筛选: 偿债能力

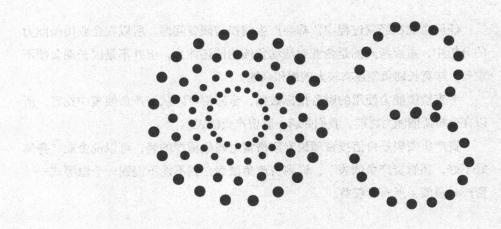

昔之善战者，先为不可胜，以待敌之可胜。不可胜在己，可胜在敌。故善战者，能为不可胜，不能使敌之必可胜。故曰：胜可知，而不可为。——《孙子兵法·形篇》

3.1　资产负债表

任何企业在经营过程中，都会产生债权与债务问题。所以在企业偿债能力的分析中，重点考查的是企业对流动负债的偿还能力，但并不是说长期负债不重要，毕竟长期负债还有较大的缓和余地。

考查偿债能力使用的财务指标数据，全部都可以从资产负债表中找到。所以在分析偿债能力之前，我们先聊一聊资产负债表。

资产负债表是价值投资理论专家格雷厄姆最重视的表，可以说企业"身体好不好，还看资产负债表"。说到资产负债表，就不能不提到一个恒等式——资产 = 负债 + 所有者权益。

3.1.1　唯一的平衡表

资产或总资产的概念与我们生活中的概念不一样，如果我问你有多少资产，你可能很不确定：你可能会说你有价值 1 000 万元的房产，但是房贷还没还清；你有价值 30 万元的车，但是车贷也没还清；你今天买了很多东西，可是信用卡还没还清，总之你也不知道你有多少资产。

其实这是把资产和净资产的概念搞混了，会计学中的资产概念是指，你现在拥有的全部资产，包括你借来的、没付清的、没还清的，全都算。

如果只说房产和车，共有资产 1 030 万元，这是恒等式的左边。借的、没付清的、没还清的，这些都是负债。假设房贷有 300 万元没还清，车贷有 10 万元没还清，这样你就背负着 310 万元的债务，那剩下的 720 万元，就是你的净资产，它在会计学上也叫作"所有者权益"。

所以，你的资产负债表可以用一个简单的等式来表达：

资产 = 负债 + 所有者权益。

1 000 万元 + 30 万元 =（300 万元 + 10 万元）+ 720 万元。

等式的两边必须是平衡的，它表示在这一时刻的你的资产负债情况。进一步说，它表示的是目前状态下的存量，所以资产负债表也是存量表。如果下一秒，你的资产负债状况发生了变化，那就要重新编制资产负债表。只要存量发生了变动，资产负债表就得重新编写。当然企业不需要每发生一笔业务都向市场展示，按规定它只需要发布一季度报、半年报、三季度报和年报，所以我们能看到企业在每个季度末的资产负债变动情况，也就是企业的存量情况。

把上面的例子换成一家企业呢？等式两边的数额就更大了，不过等式的右边对于企业来说还另有深意。这要分两种情况来表述。

如果企业缺钱了怎么办？要使等式左边的"资产"增加，必然要从右边的"负债"和"所有者权益"着手。如果向银行借钱，或者发行企业债，就等于以增加负债的方式提高资产总额；如果企业认为以背负债务的方式融资不划算，那就只能增发新股了，让新股东给企业投资。不过对于老股东来说，他们的股份就被稀释了。

如果企业钱多了怎么办？就可以从等式右边流出，如先还钱，把负债都还清。还有剩余呢？就可以给股东发红利（股息）。

3.1.2 流动的和非流动的资产

资产分为流动资产和非流动资产，划分的标准是资产的变现灵活性。比如现金是绝对的流动资产；应收票据和应收账款只要能要回来也可以随时变现；存货如果能尽快卖出，也可以变现。你会发现，资产负债表的项目是按照变现灵活性从高到低来排序的，变现快的排在前面。

假如你有几套房产，却连一包泡面都买不起，这就是流动资产太少了。很多人都在纠结到底买不买房，当然绝大多数人都想买房，可是对于一些人来说，还要预防老人生病、孩子上学等急需现金的事件。他们一旦把现金都用来买房，万一出了突发事件，连应急的钱都没有，就会措手不及。他们要是实在没办法，就只能降价出售房产，将固定资产打折出售，变成流动资产。由此可见流动资产的重要性。

对于企业来说，如果把钱都用于盖厂房、买进设备，商场如战场般瞬息万变，突发事件层出不穷，一旦没有现金应对，就会陷入资金链断裂的境地。若融资失败，只能把全价购建的厂房和设备降价出售。而这些固定资产哪有那么容易在短时间内售出呢？最终演变到债务违约、企业清算的地步，那就无力回天了。

所以流动资产对于企业来说，是生死存亡的大事，不可不重视。

3.1.3　流动的和非流动的负债

企业之间的预收预付或企业对银行的短期借款，都是短期负债。短期负债的时限是很短的，一般在 1 年之内，需要尽快偿还，所以称为流动负债。而 1 年以上的债务称为非流动负债。

虽然 1 年以上的债务有较大的缓和余地，但也不能一点都不顾虑。如果长期负债到期了，变成 1 年以内就要偿还的债务了，那么这笔长期负债就会转换为短期负债。我们知道长期负债的数额都比较大，而一旦它的时限变成 1 年以内还清，相对于前几年，这 1 年的日子就会比较难过。

所以对于偿债的问题，主要目的是解决当年的流动负债。如果流动资产不能覆盖流动负债，那这家企业的处境就比较危险了。

3.1.4　所有者权益

根据等式，资产减去负债，就是股东们的净资产。企业经营得好，净资产不断增加，股东们就能受益。如果经营得不好，净资产不断缩水，股东们的投资就亏损了。那有没有把股东们最初投资的钱都亏完了，甚至让所有股东都负债的企业呢？

什么情况都会有，这里列举两只这样的股票。一只为 *ST 毅达（600610），一只为 *ST 保千（600074）。*ST 毅达原名中毅达，根据 2018 年年报披露的数据，其所有者权益约为 −4.63 亿元，如图 3-1 所示。*ST 保千原名保千里，根据 2018

年年报披露的数据，其所有者权益约为 −49.68 亿元，如图 3-2 所示。不用我说，这样的企业，目前是不宜投资的，因为投资的不是资产，而是债务。

未分配利润		−1,916,636,359.16
所有者权益（或股东权益）合计		−462,701,572.23
负债和所有者权益（或股东权益）总计		26,008,562.43

图 3-1　*ST 毅达（600610）所有者权益数据

未分配利润		79,391,934.81
所有者权益（或股东权益）合计		−4,967,860,177.86
负债和所有者权益（或股东权益）总计		708,758,045.43

图 3-2　*ST 保千（600074）所有者权益数据

3.2　资产负债率

资产负债率是衡量企业偿债能力最重要的标准之一，计算公式为：资产负债率 = 负债 ÷ 资产。通常情况下，该指标不能超过 50%。

3.2.1　谁更希望资产负债率高？

为什么说资产负债率是衡量企业偿债能力最重要的指标之一？这涉及企业被迫清算时债权人的第一追索权。企业变卖后所剩余的现金，优先偿还给债权人，如果还有剩余，才轮到股东来分。根据资产公式，如果负债占到了资产的 50%，净资产恰好可以偿还所有债务；如果负债率达到了 50% 以上，说明企业已经资不抵债了。

特别是企业举债过多时，它的偿债能力减弱，如果还想通过负债来融资，就会非常困难。一家资不抵债的企业，是很难从银行再借到钱的。所以从债权人和经营者的角度而言，资产负债率不能过高。过高的资产负债率会使债权人的风险增大，同时也会让经营者陷入困境。

此外，我们还剩下一类人没有考虑。企业融资只能来自两个途径，一是向银行借款、发行企业债，二是增发新股。增发新股会稀释老股东的股权，所以作为老股东，他们宁可企业增加负债，也不愿意稀释自己的股权。

当然还有另外一点考量，负债率越高，企业经营的杠杆就越大。例如，你用 100 元赚到了 100 元，资金回报率是 100%。若你只有 50 元，再借 50 元，1 年的利息是 3 元，同样赚了 100 元，此时你手中共有 200 元。连本带利还款 53 元，还剩 147 元，除去自己的 50 元本金，有 97 元的净利润。相当于用 50 元赚了 97 元，资金回报率为 194%。

所以作为老板身份的股东，更希望企业用这种方式来赚钱。如果赚了，那是股东的；如果亏了，企业只负有限责任。若遇到恶性通货膨胀，所还金额数目是不变的，但是购买力变小了，企业面临的压力会变得更小。

"借鸡生蛋"的做法有可取之处，适度增加负债是可行的，但不能无节制。若外部环境恶化，不但不能利用杠杆策略获取利润，还会"鸡飞蛋打"。

3.2.2 50% 是铁门槛吗？

如果一个朋友向你借钱，你知道他的资产负债率已经超过了 50%，你敢借给他吗？如果他的经济出了一些问题，其他的债主都来逼债，他把所有净资产都拿出来也还不上，你认为他能先还给你吗？总之借钱给他风险非常大。我们投资股票，赚钱是次要的，首先要保证资金安全，所以在一般情况下，资产负债率大于 50% 的公司的股票，建议第一轮就排除掉。

但也并不是所有的企业都要执行 50% 的标准，毕竟不同行业会有其特殊性。最明显的是房地产开发板块，它们前期投入非常大，高库存、其他各方面成本增加等因素，都是诱发房地产行业负债率居高不下的重要原因。

根据统计数据，目前同花顺软件中可查的房地产股票共 128 只，平均资产负债率达到 66.9%，*ST 华业（600240）最高，达到 98.39%；中房股份（600890）最低，只有 9.13%；龙头股万科 A（000002）达到了 84.59%，远远超过了平均值。

如果你要投资房地产股票，就不能按照 50% 的标准来筛选。根据行业的特性，我们有两个选择标准。第一，要筛选资产负债率低于行业平均值的股票；第二，选择龙头股。由于房地产行业的特点，我们只能根据它的平均值或中位值来选择股票以寻求安全保障，当然负债率越低越好。不过对于优质企业的地产股票，哪怕它的资产负债率很高，我们也会觉得比较安心。

所以 50% 并不是铁门槛，甚至以后我们要讲到的所有财务指标给出的值都只是参考值，而不是绝对值。

你可能会问，像万科、格力电器这样的优质企业，他们的资产负债率都很高啊，不仅超过了 50% 的标准，还高于行业平均值，用这样的指标来筛选股票不是与实际情况相悖吗？如果你用股票价格上涨多少来想这个问题，那确实很难解释；但如果你从安全的角度来理解，就很容易解释清楚。

投资的刚需不是盈利，而是避险。首先要保证本金安全，在安全的前提下再谈盈利。就像你过马路时，肯定要先看红绿灯。为什么？因为闯红灯所赢得的几秒钟时间，与你的生命相比，没有任何意义。那些无视危险的人，从智人时代开始，它们的基因就不可能传递下来。

我刚入行的时候写评论文章，会说保守交易者应该如何做，激进交易者应该如何做。可后来呢？我发现，很多激进的交易者都已经破产了。所以费舍在他的《怎样选择成长股》一书中，专门用了 6 章来阐述安全性的问题，这 6 章有一个大主题——保守型投资者高枕无忧。

3.2.3　幸福的家庭都一样

如果将所有股票向后复权，再与上市首日价格进行对比，贵州茅台向后复权的增长率为 195.34 倍。其资产负债率在 2004 ～ 2018 年间从未超过 40%，如图 3-3 所示。

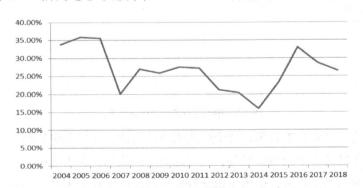

图 3-3　贵州茅台资产负债率数据

制造业与科技创新企业及普通企业不同，这类企业资金投入量大，必须借助高杠杆率才能赚更多的钱。这就是同为优质企业的格力电器的资产负债率那么高的原因。如图 3-4 所示，2009 年格力电器资产负债率高达 79.33%，而自董明珠于 2012 年就任格力董事长以来，负债率逐渐下降，虽然下降得比较慢。并且格力电器向国际化发展后，逐渐变成一家成熟的企业，负债率便有下降趋势，未来它的资产负债率降低到平均水平是可以预见的。

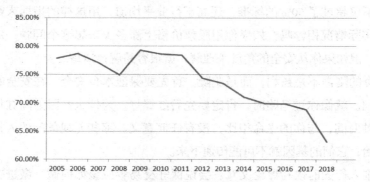

图 3-4　格力电器资产负债率数据

中国铝业（601600）自上市以来，向后复权至今，股价的下跌幅度超过了上市首日价格的 82.31%。如图 3-5 所示，中国铝业在 2007 年时资产负债率仅为 35.34%，是最低值；虽然 2018 年下降至 66.31%，但仍较最低时高出近一倍。

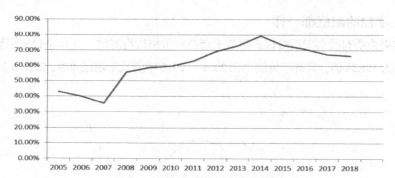

图 3-5　中国铝业资产负债率数据

通过这 3 家企业的数据，关于企业的资产负债率我们至少知道了两点：第一，制造业的负债率天然就较高，当它逐渐走向成熟、在市场中占有一席之地时，可以渐渐摆脱杠杆，格力电器从开始向国际化发展到现在也不过十来年，对于一家以制造家电为主的企业来说，时间还很短；第二，考查财务指标不能只看当期数值，而应当比较几年甚至十几年的指标走势，如中国铝业，负债率在 2008～2014 年逐年升高，只会让债权人更加警惕，让投资者止步。

股东权益比率（所有者权益÷资产）与资产负债率互补，它反映的是企业有多少资产是净资产。股东权益比率与资产负债率之和必定为 1，我们来推导一下：

资产 ÷ 资产 = 负债 ÷ 资产 + 所有者权益 ÷ 资产，

1= 资产负债率 + 股东权益比率。

3.3　流动性

还债，首先要还的就是流动负债，长期负债的偿还问题可以等它即将变成流动负债时再考虑。用什么来还债呢？不到必要的时候，是不应出售非流动资产的，重点是要用流动资产还清流动负债。

3.3.1　流动比率

流动比率是流动资产与流动负债的比率，该比率越高，偿债能力越强。流动比率为 1，是财务分析者能够容忍的最低限度，此时所有流动资产恰好够偿还所有流动负债。

你可能会怀疑，把流动资产都还回去了，那不就没有流动资产了吗？流动资产与流动负债不是静态的，而是随时都有可能增减，所有流动负债也不是在同一天内发生的，也不需要同时清偿，所以流动资产不会枯竭，也就不会影响企业的正常经营。

贵州茅台的流动比率 2005 ～ 2016 年几乎都在 2 以上，最高时超过了 4.5，如图 3-6 所示。格力电器 2005 ～ 2018 年的流动比率几乎都在 1 以上，波动不大，如图 3-7 所示。

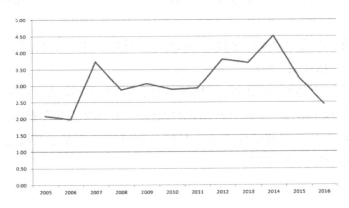

图 3-6　贵州茅台流动比率数据

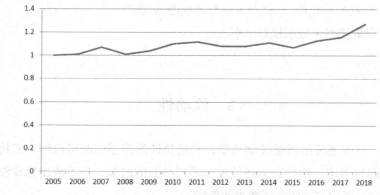

图 3-7　格力电器流动比率数据

　　贵州茅台与格力电器不同的地方在于：酒窖一经建成，可以使用很多年，几乎不用再大笔投入；而制造业需要大量投入原材料和新建生产线，所以制造业和酒类行业之间没有可比性。是不是只有流动比率大于 1 的企业股票才可买，而低于 1 的一定会被淘汰呢？

　　我们说过，任何财务指标给出的数据都是参考值，而不是绝对值，任何事件都有特殊情况。沃尔玛的流动比率常年低于 1，因为大部分在沃尔玛消费的人都会使用现金或信用卡，信用卡企业会在两三天内将现金打给沃尔玛，而沃尔玛是在 30 天内打款给供应商。沃尔玛有非常充裕的现金流，所以不必保有大量现金，可以将现金用于其他方面。

　　格力电器可以立刻将现金收回，并且延长向上游企业付款的时间吗？因为电器商品不是一上架就被卖出，这类大件电器的存货周转率不像超市里的快消品一样高。所以除了像大型超市一样的企业外，大部分传统企业都应留有足够的资金。

　　所以我们在阅读财务报表时，必须要有整体性，要了解企业的营运模式，不能用单一的指标来下结论。

　　再来看中国铝业的流动比率，如图 3-8 所示。流动比率从最高的 1.4 左右下降至最低的 0.6 以下，并且之后一直未再超过 1，中国铝业每年都为短期偿债的问题而头疼。到期没钱偿还的话，只能通过增加负债来偿还要立刻清偿的负债，无异于拆东墙补西墙。

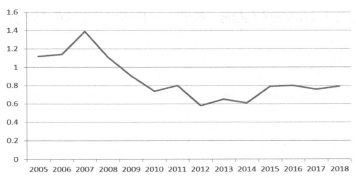

图 3-8　中国铝业流动比率数据

对于经营状况良好、有竞争力的企业，其流动比率不一定要大于 1。但流动比率小于 1 的企业，除了极个别外，绝大多数都不具备竞争力。

3.3.2　速动比率

回看第 1 章的资产负债表，流动资产包括货币资金、交易性金融资产、应收票据、应收账款和其他应收款、存货。比流动资产更容易变现的是速动资产，速动资产包括流动资产中除了存货以外的所有项目。

为什么要扣除存货呢？因为企业如果经营得不好，大多数是因为产品滞销，那么在滞销状况下企业手里的存货也不值什么钱了。我们要考查的就是如果企业出了问题，存货卖不出去，该企业还能不能把短期负债还上。

根据经济学定律，存货的估值不是按照成本计算的，而是按照需求来计算的。2015 年 11 月，螺纹钢指数下跌至每吨 1 616 元，钢企的存货价值下跌，意味着流动资产价值下跌，所以存货价值的波动在很大程度上会影响偿债能力。

速动比率 = （货币资金 + 短期投资 + 应收票据 + 应收账款 + 其他应收款）÷ 流动负债 = 速动资产 ÷ 流动负债。

有一款经典游戏《大富翁》，玩家失败的条件只有一个，即现金和银行存款皆为零。无论你在游戏中有多少地产、加油站、旅店、超市，只要流动性资产枯竭，就会立刻破产。当你失败以后，其他玩家还可以折价竞拍你的非流动性资产。《大富翁》生动地再现了经济生活中的规律和现象。

流动比率表示的是每 1 元流动负债中，有多少流动资产为它背书。速动比率表示的是每 1 元流动负债的背后有多少速动资产的支撑，对速动比率大小的要求可以适当地比流动比率放松一些。贵州茅台的速动比率 2005 ～ 2018 年都在 1 以上，如图 3-9

所示,并且几乎呈越来越高的趋势,贵州茅台对于偿债几乎没有任何压力。

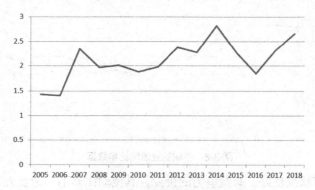

图 3-9　贵州茅台速动比率数据

原材料的价格波动很大,而大件电器的价格并不会波动太多,所以即使格力电器的速动比率并不高,我们也能理解。但统计数据却有些出乎意料,如图 3-10 所示。格力电器 2009 年以来的速动比率一直处于 0.8 以上,也就是说存货只占流动资产的 20% 以下。丰田曾一度采用无存货经营的策略,可见存货量过大给制造业造成的压力是相当大的,格力电器的速动比率让我们对它更有信心。

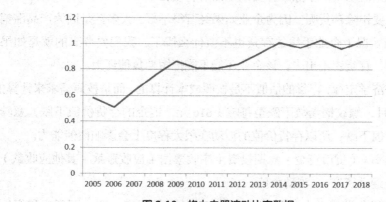

图 3-10　格力电器速动比率数据

中国铝业 2012 年的速动比率一度跌至 0.2 以下,如图 3-11 所示。流动比率的最低容忍度是 1,但是越高越好。正是因为存货存在着跌价的风险,所以我们考察偿债能力时,建议采用速动比率。速动比率比流动比率更能体现一个企业的短期偿债能力。一般情况下,把两者确定为 1∶1 是比较说得通的。因为一份债务有一份速动资产来做保证,就几乎不会产生问题。而且合适的速动比率可以保障企业在偿还债务的同时不影响经营。

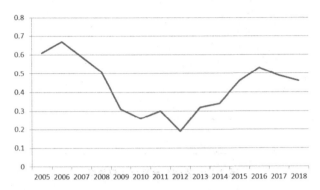

图 3-11 中国铝业速动比率数据

3.3.3 现金比率

没有最坏，只有更坏。当整体行业都陷入困境时，大家的经营状况都不好。企业之间存在三角债的情况太多了，有时应收票据和应收账款都无法兑现，只能用最快变现的资产去还债。现金本身就是能最快变现的资产，再加上交易性金融资产，也就是手上的有价证券，它们都可立刻卖出并用于还债。现金比率可以说是衡量企业偿债能力最安全的指标。其计算公式为：

现金比率 =（货币资金 + 交易性金融资产）÷ 流动负债。

现金比率被认为是最能反映企业直接偿付流动负债的能力的数据，理论上现金比率为 0.2 即可。如果现金比率过高，也意味着企业的流动资产未能合理运用，资金闲置也增加了企业的机会成本。

贵州茅台的现金比率主要在 1.5 ~ 2.5 震荡，如图 3-12 所示。虽保证了偿债能力，但资金存量过多，并没有体现良好的资金利用率。

格力电器的现金比率整体上走高，如图 3-13 所示。说明在格力电器的流动资产中，现金占了极大的部分。

中国铝业的现金比率大多数情况下停留在理论值附近，如图 3-14 所示，侧面说明其现金还是很充裕的。但它的流动比率和速动比率都过低，严重影响了它的偿债能力。我们说现金比率的理论值为 0.2，并不是说任何情况下 0.2 都是可以接受的，而是在流动比率和速动比率都处于良好水平的前提下，保有现金比率为 0.2 的资金更合适。

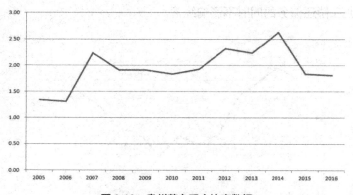

图 3-12　贵州茅台现金比率数据

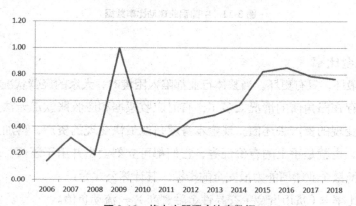

图 3-13　格力电器现金比率数据

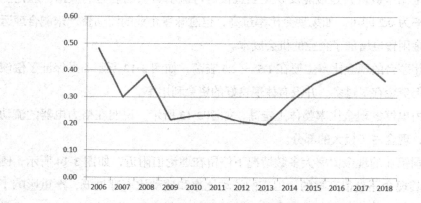

图 3-14　中国铝业现金比率数据

3.4　阿特曼 Z 值模型

　　1968 年，远在纽约的爱德华·阿特曼教授对美国破产和非破产的生产企业进行了观察，通过 22 个财务指标比率，建立了共有 5 个变量的 Z 值（Z-score）模型。模型以多变量的统计方法为基础，以破产和非破产企业为样本，通过大量的试验，对企业的运行状况、破产与否进行分析并判别。

3.4.1　模型公式

　　该模型分为两种，一种针对上市企业，另一种针对非上市企业。由于我们主要研究上市企业的股票，所以我们只讲一种模型，其公式如下：

　　$Z=1.2 \times X_1 + 1.4 \times X_2 + 3.3 \times X_3 + 0.6 \times X_4 + 0.999 \times X_5$。

　　其中 $X_1 \sim X_5$ 分别代表某种财务比率，如果看起来有难度，可以先看后面的章节，再回过头来看本节。

　　X_1= 流动净资产 ÷ 总资产，其中流动净资产为流动资产与流动负债的差。

　　X_2= 留存收益 ÷ 总资产，留存收益为资产负债表中的盈余公积与未分配利润之和。

　　X_3= 息税前收益 ÷ 总资产，息税前收益的意思是在未交利息和所得税之前的利润额。为了方便计算，我们可以用利润表中的净利润加所得税再加财务费用来简单模拟息税前收益。

　　X_4= 优先股和普通股市值 ÷ 总负债。我国暂时没有优先股，不必考虑。普通股市值为股价与总股本的乘积。

　　X_5= 销售额 ÷ 总资产。销售额可以用营业收入来代替。

　　所以 Z 值模型的公式可以整合为：1.2×[（流动资产−流动负债）÷总资产]+1.4×[（盈余公积＋未分配利润）÷ 总资产] + 3.3×[（净利润＋所得税＋财务费用）÷ 总资产]+0.6×[（股价 × 总股本）÷ 总负债]+0.999×（营业收入 ÷ 总资产）。

　　该模型最终分值若小于 1.8，为破产区；分值在 1.8 ～ 2.99，为灰色区；大于 2.99 为安全区。

3.4.2　检验对比

　　我们先来看几家优质企业，格力电器 2018 年年报数据显示如下。

流动资产：1 997.11 亿元。

流动负债：1 576.86 亿元。

总资产：2 512.34 亿元。

盈余公积：35 亿元。

未分配利润：819.4 亿元。

净利润：263.79 亿元。

所得税：48.94 亿元。

财务费用：−9.48 亿元。

2019 年 10 月 15 日股价：58.9 元。

总股本：60.16 亿股。

总负债：1 585.19 亿元。

营业收入：2 000.24 亿元。

根据 Z 值公式，得分约为 3.21，位于安全区。

再来看贵州茅台，2018 年年报数据显示如下。

流动资产：1 378.62 亿元。

流动负债：424.38 亿元。

总资产：1 598.47 亿元。

盈余公积：134.44 亿元。

未分配利润：959.82 亿元。

净利润：378.3 亿元。

所得税：129.98 亿元。

财务费用：−0.04 亿元。

2019 年 10 月 15 日股价：1 211 元。

总股本：12.56 亿股。

总负债：424.38 亿元。

营业收入：771.99 亿元。

根据 Z 值公式，得分为 24.71，非常安全。

连续亏损 2 年的股票要被冠以 ST 标志，以 *ST 百花（600721）为例。*ST 百花，2016 年盈利 0.56 亿元，2017 年和 2018 年连续 2 年亏损。回测的主要目的是查看它盈转亏的节点，Z 值模型的得分情况如表 3-1 所示。

表 3-1　2016～2018*ST 百花 Z 值数据　　　　金额单位：亿元

项目	2018 年	2017 年	2016 年
流动资产	6.21	5.27	7.08
流动负债	2.89	2.55	4.17
总资产	12.48	20.33	27.84
盈余公积	0.05	0.05	0.05
未分配利润	−18.15	−10.07	−4.43
净利润	−8.13	−5.65	0.56
所得税	0.21	0.1	0.43
财务费用	0	0.02	0.85
当年年报发布时股价	5.69 元	7.08 元	18.8 元
股本	4	4	4
总负债	3.29	3	4.86
营业收入	4.19	4.2	7.45
Z 值	−0.68	4.44	9.67

很难让我相信，格力电器竟然比 2017 年亏损的 *ST 百花更接近破产的边缘。Z 值模型被一些专业书描述得过于好用，而在过了半个世纪后，这种系数有些僵化的模型已经不完全适用于现代市场。

3.4.3　Z 值模型存在巨大的问题

在 Z 值模型中，变动最快的量为股票价格。按公式计算，如果想让分值低于 1.8 的话，尽量把股票价格压低即可。可股票价格下跌就代表着有破产的风险吗？拿贵州茅台来说，哪怕 2018 年贵州茅台的价格为 0.01 元，它的分值还是处于 3.20 以上，那么贵州茅台是不是永远不存在破产的风险呢？

如果这样的情况出现，企业可能会陷入破产困境中。如果贵州茅台的股价跌至 0.01 元，毋庸置疑，一定是经营出现了不可逆的问题。如此想来，股价或许真的能反映企业的经营状态，那么 Z 值模型的分值也会相应变低吧。

另外，如果考虑债务违约的情况，总资产必然会缩水，而违约的风险并不是线性的，也就是今年不违约，明年不一定不违约。每个 X 之前的系数在不同经济背景下，也应当相应地作出调整，毕竟这个模型是在半个世纪以前发明的。并且该模型也无法计算投资组合的信用风险，因为 Z 值模型主要针对的是个别资产的信用风险评估，对整个投资组合的信用风险却无法衡量。

再回头看公式，其中第三条，息税前收益（净利润＋所得税＋财务费用）÷ 总资产。财务费用的大部分都用于偿付借款利息，所以财务费用越高，就表明所要支付的利息越高，反而能保障企业的资金安全（避免破产）？此说法闻所未闻。

尽信书则不如无书。无论哪种财务指标，都有其局限性，一定要亲自找出案例，坐下来踏踏实实地检验一番后才好下结论。

3.5　其他偿债风险指标

对于第一轮的初步筛选，符合上述资产负债率和流动比率的股票已经足够了。如果在第一轮筛选过细的话，恐怕很难找到适合投资的股票。当我们将盈利能力和营运能力的初步筛选都做完之后，如果还有很多剩余的股票，可以再用本节介绍的、更细致的指标来精挑细选。

3.5.1　产权比率

资产负债表只有一个恒等式：资产＝负债＋所有者权益。前面我们说到了资产负债率（负债 ÷ 资产）与股东权益比率（所有者权益 ÷ 资产），这个公式已经衍生出两个公式，但还没有讨论负债与所有者权益之间的关系。

产权比率，就是负债与所有者权益之间的比值。将资产看作一块蛋糕，分成两块：一块是负债，别人的；另一块是所有者权益，自己的。它告诉我们，别人的钱在自己的净资产中占比是多少。已经有了前两种比率，所以这种比率对于偿债能力的测评，已经没有太大的实际意义了。

它主要是可以告诉你，你的财务结构是否健康。企业资金的来源一般有两处，一是向别人借，二是股东们筹，这是钱从哪里来的问题。产权比率的大小，就是提醒我们，要时刻了解企业这块大蛋糕有多少是自己的。

如果你知道了资产负债率，股东权益比率和产权比率就都可以直接推导出

来。如果资产负债率为 30%，则股东权益比率为 70%（1 − 30%），产权比率约为 42.86%（30% ÷ 70%）。

3.5.2　长期负债

股票具有不可赎回性，不论你买的是原始股，还是从别人手里接过来的股票，你不想继续持有了，不能对企业说："股票给你，钱还给我。"你想摆脱一家企业，只有一个途径，把手里的股票卖给别人。对于企业来说，发行股票所筹集的资金，相当于一种长期自有资金。

长期负债也可以看作债权人对企业的长期投资，此时就必须要衡量一下，这两个长期资金，哪一个占比更高。所以就有了以下两种比率。

长期负债率 = 长期负债 ÷ 总资产。

资本总额比率 = 长期负债 ÷（长期负债 + 所有者权益）。

我们一直关心的都是短期负债率，但绝对不能忽视长期负债率。而这两个比率，可以说是有关长期负债的最重要的公式。业内一致认为，对于长期负债率，35% 是重要的分水岭，长期负债率在 35% 以内尚可承受。

长期负债至少要在 1 年以后才会偿还，短期内不会受其烦扰。而长期负债所得的钱款，大都是以购置固定资产为目的。固定资产在购入后，可以使用很长时间，处于长期摊销状态；用固定资产赚了钱以后，每年再提出折旧准备金；固定资产使用年限到了，可用折旧准备金再次购置新设备。

所以关于长期负债，还有一个表达底层逻辑的公式：

固定资产对长期负债比率 = 固定资产 ÷ 长期负债。

这个公式表明企业有多少固定资产作为长期负债的抵押担保，比值越大，不论对于长期债权人还是企业自身，都越安全。

图 3-15 所示为 2009 ～ 2016 年贵州茅台的长期负债率数据。请注意看左侧的纵坐标，贵州茅台的长期负债在总资产中占比不到 0.1%，并且自 2011 年后逐年下降。长期负债对于贵州茅台来说，没有丝毫威胁。图 3-16 所示为 2009 ～ 2018 年贵州茅台的固定资产对长期负债比率数据，2018 年的长期负债为 0，即分母为 0，得出的比值无意义，所以在折线图中归为 0。贵州茅台没有任何长期偿债风险。

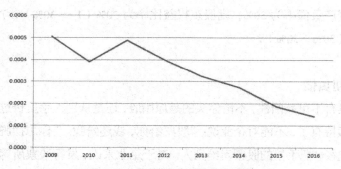

图 3-15　贵州茅台长期负债率数据

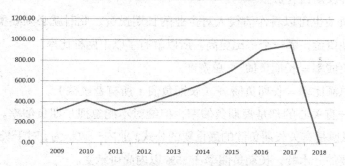

图 3-16　贵州茅台固定资产对长期负债比率数据

图 3-17 所示为格力电器的长期负债率数据，图 3-18 所示为格力电器固定资产对长期负债比率数据。格力电器的长期负债除 2011 年外一直控制在总资产的 3% 以下，长期负债对于格力电器几乎无压力。固定资产对长期负债比率 2009 ～ 2018 年内最高为 121.29，而最低时只有 2.88，2015 年反弹至 31.09。这足以看出要投入更多资本的制造业和传统的酒类行业的区别。酒类行业不必反复投入固定资产，而制造业由于它的特性却必须如此。但最低时的 2.88 也可以算是行业内较高的了。

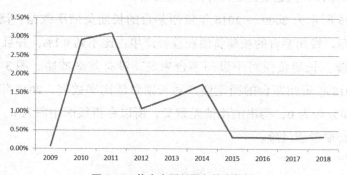

图 3-17　格力电器长期负债率数据

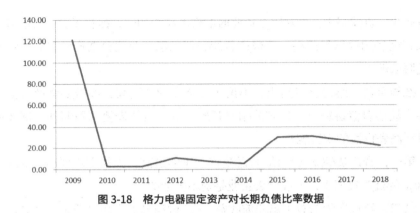

图 3-18　格力电器固定资产对长期负债比率数据

3.6　资产负债表才是关注的重点

我们会不停地讲利润、现金。连格雷厄姆的买入策略也以每股利润作为基础。我们打开任何一本估值的书，都会发现其大谈利润与现金。主流的估值方法，无外乎股利估值法、利润估值法、自由现金流估值法等。如果一家企业每年都发放 10 派 5 元的股利，或者每年平均每股利润为 0.5 元，或者每股自由现金流为 0.5 元，这些方法大约会使估值者给出每股价值 10 元以上的估值。但这些只不过是表象而已。

一家企业的管理人员大致可分为两种，一种是职业经理人，也就是管理层；另一种是股东，也就是老板。管理层需要漂亮的利润表，这是衡量他们工作绩效最直接的标准。而老板要的是什么？老板并不在乎企业今年的利润表上有多少盈利，甚至不在乎 5 年或 10 年的利润表是否好看，老板们更在乎企业积累了多少财富。

没有积累的财富，最终只能是镜中花、水中月。在利润表的表象下，资产负债表才是我们必须关注的重点。

利润表是流量表，什么是流量表？今年进来多少、出去多少，最后得出的差值就是流量。资产负债表是存量表，什么是存量表？去年此时资产结构如何，拥有多少，负债多少；再对比今年此时的资产结构如何，拥有多少，负债多少。如果利润表的数据很漂亮，而资产负债表却显示企业债台高筑，利润也只不过是过眼云烟。

推导至此，结论已经给出，不论多么漂亮的利润表，都需要资产负债表的支持。故事看似讲完了，其实才刚刚开始。资产负债表要达到何种情况才能算是对利润表良性的支持呢？

第一，资产负债率（负债 ÷ 总资产）不能过高，大体上不要超过 50%。超过 50% 的资产负债率，一般代表企业是资不抵债的。

第二，利息保障倍数（息税前收益 ÷ 应付利息）不能过低（后文详述），至少要达到 7 倍。如果我们赚了 100 万元，由于负债过高，所支付的总利息达到了 50 万元，负债吞噬的利润过多，留给股东的利润就很少。并且股东所获取的利润是要交税的。你今年能赚 100 万元，尚且足够支付当前的利息，那明年，你也有把握赚到 50 万元以上吗？一旦举措应对失当，就无法支付利息。

第三，流动比率（流动资产 ÷ 流动负债）不能过低，这个比值最好要达到 2 以上，1 是最低容忍限度。流动负债是 1 年内必须清偿的负债。流动资产是相对固定资产来说的，如果流动资产不足以清偿流动负债，那就可能需要低价变卖固定资产来清偿，或者再次举债，或者再次增发股票来融资，不论哪种情况，都会侵害股东的利益。

第四，1 年内到期的非流动负债不能过高。我们说流动负债就是 1 年内到期的负债，那为什么 1 年内到期的非流动负债不是流动负债呢？因为这特指长期借款今年到期的情况，长期借款的数额通常较大，一旦到期，企业的偿债压力非常大。对于经营不善的企业，当年会再次举债来应对。这还是会侵害股东的利益。

第五，存货不宜过多。存货过多会降低资金的使用效率。一般情况下存货过多，就很有可能存在着滞销的情况。而销售不畅时，当期经营现金流就会出现问题，我们在后文还会说到，经营现金流才是干细胞。

第六，要留存足够体量的现金。对于一家企业来说，现金是血液，当企业面临危机或面临机遇时，现金才是扭转乾坤的关键。

我们在估值或给出足够的安全边际后准备买入股票时，看的都是利润和现金流，而且所用方法也与利润和现金流相关，专业人士也是这么办的。可我们也要透过这个现象看到本质，专业人士这么做的前提是已经以非常审慎的态度研究了资产负债表。

巴菲特曾说："我比大多数人更关注企业的资产负债表。"投资最大的风险不是企业发展过慢，而是企业灭亡，让股东血本无归。如果我们是一家企业的唯一股东，股价的高低对于我们来说没有太大意义。股价只是暂时的利益，实实在在地属于股东的，主要是资产。

利润表反映的是外部表现，资产负债表反映的是内部支撑；利润表反映的是发展快慢，资产负债表反映的是实力强弱；利润表反映的是产出，资产负债表反映的是投入；利润表反映的是一时的成果，资产负债表反映的是一直以来的积累；利润表反映的是企业一个阶段发展的好坏，资产负债表反映的是企业生死存亡的根基。

所以我们在学会了利用每股利润、经营现金流、自由现金流或股利进行估值之后，一定要先审查资产负债表，再去行动。

毕竟1年赚多少钱远远没有一辈子积攒了多少钱重要！

本章逻辑链

1. 偿债能力是第一轮筛选股票的标准，先谈生存，再谈发展。只有拥有良好的偿债能力，才能使企业在激烈的市场竞争中立足。

2. 偿债能力需计算的全部内容，都可以在资产负债表中找到数据。而最常用到的就是资产负债表的恒等式，即资产＝负债＋所有者权益。三者之间的比值，可以计算出资产负债率、股东权益比率、产权比率。通过三者的比值可以估算出企业的偿债风险有多大。

3. 企业要面对的全部债务分为短期的流动负债和长期的非流动负债。而短期偿债的压力比长期偿债的压力更大，所以企业更要注重资产的流动性。这就催生出了衡量企业资产的流动性的流动比率、速动比率、现金比率等指标。

4. 长期偿债能力只由长期负债率衡量。而长期负债更多地是用来购置固定资产，所以也可以将固定资产看成是非流动性负债的背书。我们还可以用固定资产对长期负债比率来衡量每1元长期负债对应多少元的固定资产。

5. 偿债能力不强，会导致企业倒闭破产。有没有一种可以衡量企业破产风险的指标呢？有，Z值模型。但是通过我们的实例计算，发现它经过了半个多世纪后，已经有些僵化了，不能十分合理地反映企业的状况，而有些专业书还把它列为考量因素之一，实在是没有与时俱进。

6. 不论利润表多么漂亮，都需要资产负债表作为内部支撑。所以我们不管企业穿的"衣服"有多么华丽，身体好不好还是要看资产负债表。

第 4 章

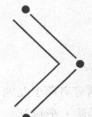

第二轮筛选：盈利能力

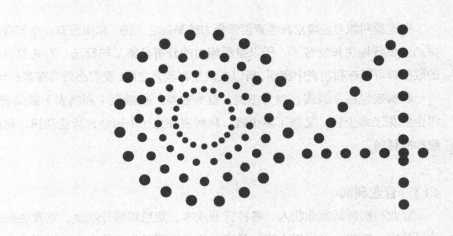

不可胜者，守也；可胜者，攻也。守则不足，攻则有余。善守者藏于九地之下，善攻者动于九天之上，故能自保而全胜也。——《孙子兵法·形篇》

4.1　利润表

考查盈利能力是建立在考查偿债能力的基础之上的，如果没有一个好身体，更别谈良好地生长发育了。所以盈利能力的分析是第二轮筛选。有关盈利能力的数据都可以在利润表中找到，所以在谈盈利能力之前，我们必须先聊聊利润表。

利润表也称损益表，损为损失，益为收益。损益表（利润表）就是看这1年企业花了多少钱，又赚了多少钱。利润表分为3个部分，营业利润、利润总额和净利润。

4.1.1　营业利润

营业利润包括营业收入、各种营业成本、费用和部分税金，它发生在企业的经营中。例如，你每天上班，月底发的工资就是你的收入，它属于营业利润中的一项。但你在上班的路上捡了1元，这就不是你的营业利润了。十几年前的利润表中还有主营业务收入、主营业务成本两项，"主营"二字更能形象地说明这个问题。

假设我在街边卖报纸，7个铜板可以买2份报纸。那么我一天卖200份报纸，会收到 700 个铜板。这 700 个铜板就是我的营业收入。营业收入不管报纸的成本是多少、卖一天报纸要不要吃饭、要不要坐车上班和回家等问题，它只计算你卖出报纸后收到了多少钱。

而卖报纸所付出的所有成本和费用，都要从营业收入里面支出，所以很多财务分析者都非常注重企业的营业收入。如果营业收入能覆盖成本、费用等项，企业就能凭着这个业务经营下去；如果营业收入无法抵销成本和费用，就只能另谋生路，要不然只会赔得越来越多。

卖报纸前需要去报社进货，进货的钱就是营业成本。营业成本会消耗掉大部分的营业收入，因此任何行业都在想办法降低营业成本，营业成本越低赚得越多。当然某些有特许经营权的企业的营业成本是非常低的，如新开发出来的特效药品或茅台酒等。茅台的每 100 元营业收入中，只有 9 元左右的营业成本。而某些快消品行业的营业收入和营业成本之间的差额非常小，因此它们要的就是薄利多销，以增加销量为经营战略。这就涉及毛利率的概念，我们后面在讲企业定位的时候，会详细阐述这个问题。

当我站在街边卖报纸时，总要吆喝两声，每天喊得多了，总得吃点喉宝吧；实在喊不动了，还要买个大喇叭；整天风吹日晒，还需要用点护肤品。这些为了卖报纸所产生的费用，就是销售费用。

现代商业社会，首要的是吸引顾客的注意力，酒香也怕巷子深，何况现在谁家的酒都香。销售费用是必不可少的，很多知名企业也会经常做广告。所以增加销售费用，是为了提高营业收入。一个好的销售团队，可以用少量的销售经费来大幅提高营业收入。费舍在《怎样选择成长股》中介绍的 15 个原则中，其中之一即为"公司是否拥有高于平均水平的销售团队"。

如果我的事业做大了，有了一个卖报团队，每天早上给他们开会、发邮件的费用以及给他们付的保险费等，这些都是管理费用。

管理费用包括总部管理人员工资、职工福利费、差旅费、办公费、董事会会费、折旧费、修理费、物料消耗、低值易耗品摊销及其他企业经费、离退休职工的退休金、价格补贴、医药费、异地安家费、职工退职金、职工死亡丧葬补助费、抚恤金、按规定支付给离休干部的各项费用以及社会统筹基金等。

巴菲特说，如果管理费用超过营业收入的 20%，管理层就是没有良心的管理层。根据 2019 年 10 月 17 日的统计数据，上市企业中有 167 家企业的管理费用高于营业收入的 20%，21 家企业的管理费用高于营业收入的 100%。特别是国盛金控（002670），它在 2018 年的营业收入是 185.52 万元，管理费用为 9.7 亿元。管理费用是营业收入 522.85 倍。

国盛金控的管理费用都花在哪儿了？根据它 2018 年的年报，9.7 亿元的管理费用最大的占比项目是"员工工资及福利费"，共计 5.86 亿元，约占总管理费用的 60.41%。我们知道管理费用中的员工工资，并不是在生产线上的员工的工资。

如果我卖报纸没有钱，就得向别人借，借钱是有成本的，比如要付利息。再比如我收到了美元，今天或许还是 1 美元兑换 7 元人民币，结果等我有时间去兑换的时候，可能只能换 6.4 元人民币了。这些成本和损失，都称为财务费用。

财务费用是指企业在生产经营过程中为筹集资金而发生的筹资费用。包括企业生产经营期间发生的利息支出、汇总损益、金融机构手续费、企业发生的现金折扣或收到的现金折扣等。

卖报纸总得有个包来装报纸，原本我打算每年换一个包，但包磨损的情况比我想象得要厉害，过度磨损的部分就是资产减值损失。会计准则规定，资产减值损失一旦划出来，是不可逆转的。等我回到家，妈妈问我今天赚了多少钱，我为了让妈妈高兴，隐瞒了背包过度磨损的情况，来提高我今天的利润，但这是不可以的。

如果赚的钱足够多，而另外一条街也有一个卖报纸的人资金不足，无法周转，我就可以向他参股投资，他每天赚的钱要按比例分给我。或者我的钱赚得更多了，我还可以投资股票。这就是实业投资和金融投资，这两项也被称为投资收益。

我的事业越做越大，在街边买了一间铺面，专门卖报纸。随着房价不断上涨，我的资产也不断增多，每年房价上涨的额度就是我当年的收益。这部分收益为公允价值变动收益，当然如果房价下跌了，收益即为负。

营业利润，是企业最基本的经营活动的成果，也是企业在一定时期内获得的利润中最主要、最稳定的来源。

营业利润 = 营业收入 - 营业成本 - 销售费用 - 管理费用 - 财务费用 - 税金及附加 - 资产减值损失 + 公允价值变动收益 + 投资收益。

4.1.2　利润总额

上一小节中我们说到了国盛金控，虽然它的管理费用一项就消耗光了当年所有的营业收入，但最终还是盈利的，这就涉及利润总额的计算。

营业利润是指在营业范围内的损益情况，而利润总额还要加上营业外的损益情况，也就是营业利润加上营业外收入，再减去营业外支出。

比如，我在街边风吹日晒地卖报纸，有人看我可怜，没要我的报纸，反而给了我 1 元，这相当于别人对我的捐赠，这就是营业外收入。

营业外收入是指企业确认与生产经营活动没有直接关系的各种收入。它并不是由企业经营资金耗费所产生的，不需要企业付出代价，实际上是一种纯收入，不需要与有关费用进行配比。除企业营业执照中规定的主营业务以及附属的其他业务之外，剩下的业务的收入都被视为营业外收入。

假如我在街边占盲道经营，被罚款 5 元。或者看有人比我更可怜，我给了别人 0.5 元。这类与企业经营没有关系的支出，都视为营业外支出。

营业外支出是指企业发生的与其日常活动无直接关系的各项损失，主要包括非流动资产处置损失、公益性捐赠支出、盘亏损失、非常损失、罚款支出等。

再来看 *ST 新亿（600145）2018 年的数据，营业利润共亏损约 0.26 亿元，营业外收入约为 0.43 亿元，营业外支出 5 元。这样算起来，利润总额（营业利润 + 营业外收入 - 营业外支出）约为 0.17 亿元，这就是神奇的地方。主营业务不赚钱，营业外收入来补。

那么营业外收入的钱是从哪儿来的？根据 *ST 新亿 2018 年年度财报，0.43 亿元的营业外收入中，有 0.42 亿元是债务重组利得，约占全部营业外收入的 97.67%。

营业外收入并不是主营业务收入，所以它本质上与企业的竞争力没有丝毫关系，营业外收入再多，即使能让企业扭亏为盈，也无法遮盖企业此时经营不善的现实。

4.1.3　净利润

赚了钱是要缴纳所得税的，企业所得税是国家针对企业法人在一定时期内的收入所征收的税种，该税是建立在利润总额的基础上的。用利润总额乘以相关的税率，得出的结果就是企业所得税，企业所得税采取固定比例税率。

利润表中的净利润是通过利润总额计算出来的，这部分资金是企业在 1 年内所赚的、最终归企业所有的资金。而在净利润下方的"每股收益"这一项还有两个子项目：基本每股收益和稀释每股收益。

每股收益 = 净利润 ÷ 总股本，这个数据非常直观，可以让你直接知道作为老板你赚了多少钱，用你持有的股本乘以每股收益即可得出净利润。这虽然简单，却未必是真实的数据。假如企业年初的时候总股本只有100股，到了年中为了从股东手里再获取更多的经营资本，又增发了20股。这又怎么算呢？所以就有了基本每股收益和稀释每股收益两个概念。先说基本每股收益的算法。基本每股收益＝归属于普通股东的当期净利润 ÷ 当期发行在外普通股的加权平均数。

举个例子，一家企业的总股本为100股，在10月末增发20股，而当年净利润为100元。分子为当期利润100元，关键问题在于分母。原来的100股是贯穿全年的，所以它的加权计算为100×12÷12。而后面发行的20股只存于11月和12月，它的加权计算为20×2÷12，老股和新股加权平均约为103.33股。代入基本每股收益公式为100÷103.33≈0.97元。

稀释每股收益比每股收益的加权计算更加复杂。若企业总股本为100股，当期利润为100元。但它发行了100元的可转债，利率为5%，为期1年，年末付息。需要注意的是这不仅仅是债券，只要你愿意，你在1年内的任何时候都可以把债券转换成股票，价格为每股1元。

如果你觉得股票比债券更有利可图，把债券全部转换成了股票。此时企业就不再是你的债务人了，而你也变成了企业的股东。也正是因为企业不必再付给你利息了，所以要为这部分节省下来的利息付所得税，100元按5%的利率计算，得出的利息为5元，那么企业要缴纳1.65元的所得税。

企业原本要付给你5元的，但因为你把债券转为股票了，它只需要缴1.65元的所得税就可以了，那么它在你这里就得到了3.35（即5 － 1.65）元的净利润。

债转股100股，新增的每股收益为0.033 5元。原来每股收益为1元。总的每股收益为1.033 5元，但总股本翻了1倍，所以稀释后的每股收益为0.516 75（即1.033 5÷2）元。

4.2 营业收入中的核心竞争力

营业利润要在营业收入中扣除营业成本和费用，至于投资收益和公允价值变动，其实都不是在主营业务中产生的。那么扣除的营业成本和费用部分，对于投资者来说就显得尤为重要。

4.2.1 毛利率显示企业定位

一件东西成本为 90 元，100 元卖出，获利 10 元。而这 10 元并不是净利润，因为除了扣除成本还应扣除费用。如果不计费用的话，这 10 元只能称为毛利（润）。毛利是商品售价与商品成本之间的差额，毛利越高，可容纳的费用就越多。如果毛利过低，再扣除销售费用、管理费用、财务费用等，最后未扣除税费的营业利润就没有多少了。

毛利 = 营业收入 − 营业成本。

毛利率 =（营业收入 − 营业成本）÷ 营业收入。

通常情况下，毛利率越高，企业越具有核心竞争力。贵州茅台的毛利率达 90% 以上，如果一瓶茅台售价为 1 700 元，它的直接成本不超过 170 元，这就是核心竞争力。如表 4-1 和图 4-1 所示。除了贵州茅台酒股份有限公司以外，任何人可能都无法生产出茅台酒。因为除了茅台镇，其他地方的菌群条件可能都不适宜生产茅台酒。这种地域限制性，增加了它的核心竞争力。

表 4-1　贵州茅台毛利率数据　　　　　　金额单位：亿元

时间	营业收入	营业成本	毛利	毛利率
2013 年	310.71	21.94	288.77	92.94%
2014 年	322.17	23.39	298.78	92.74%
2015 年	334.47	25.38	309.09	92.41%
2016 年	401.55	34.1	367.45	91.51%
2017 年	610.63	59.4	551.23	90.27%
2018 年	771.99	65.23	706.76	91.55%

类似的还有奢侈品行业、中药行业。奢侈品之所以称为奢侈品，是因为它表现了一些人的消费观念——只买贵的，不买对的，只要贵，不论成本是多少。而中药行业的配方很多都已申请了技术专利，别人无法复制，因此它定价的自由度较高。西医的特效药在专利时限内，毛利率也是相当高的，因为需要在短时间内收回研发成本。表 4-2 和图 4-2 所示为中药行业东阿阿胶（000423）的毛利率数据。

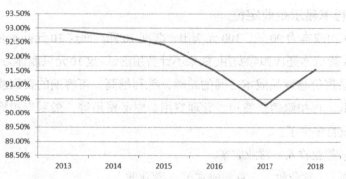

图 4-1　贵州茅台毛利率折线图

表 4-2　东阿阿胶毛利率数据　　　　　　　　　　　　　　　　金额单位：亿元

时间	营业收入	营业成本	毛利	毛利率
2013 年	40.16	14.67	25.49	63.47%
2014 年	40.09	13.81	26.28	65.55%
2015 年	54.5	19.29	35.21	64.61%
2016 年	63.17	20.88	42.29	66.95%
2017 年	73.72	25.77	47.95	65.04%
2018 年	73.38	24.96	48.42	65.99%

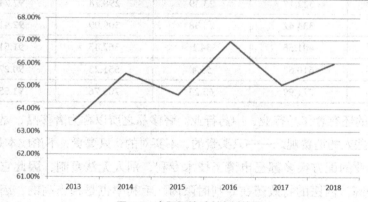

图 4-2　东阿阿胶毛利率折线图

　　但并不是说毛利率越高就越好，这与企业定位也有关。沃尔玛的毛利率常年低于 10%，难道说沃尔玛没有竞争力吗？当然不是。在渠道销售行业，谁的毛利率更低，谁反而更有核心竞争力。快消品的成本几乎是透明的，并且快消品近似于完全竞争行业。不论谁加入或退出，对整个行业都几乎没有影响。所以快消品比的就是价格，如果你肯降低毛利率，你的竞争力就比对手强。同质的商品，谁都愿意买便宜的。

　　合肥百货（000417）是一家以百货业（含家电）、超市业、农产品交易市场、房地产为主营业务的零售行业企业。它的毛利率近年来一直围绕 20% 上下波动，但它每年分发给股东的投资收益都以较快的速度增长。表 4-3 和图 4-3 所示为合肥百货的毛利率数据。

表 4-3　合肥百货毛利率数据　　　　　　　金额单位：亿元

时间	营业收入	营业成本	毛利	毛利率
2013 年	99.1	81.25	17.85	18.01%
2014 年	99.72	79.36	20.36	20.42%
2015 年	97.65	78.25	19.4	19.87%
2016 年	97.36	77.99	19.37	19.90%
2017 年	103.9	82.94	20.96	20.17%
2018 年	106.82	86	20.82	19.49%

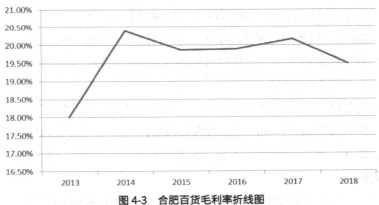

图 4-3　合肥百货毛利率折线图

　　处在零售行业的合肥百货，其毛利率已经比较低了。它主要的经营地域范围是安徽省，如果像沃尔玛一样，在全世界都有连锁店的话，这样的毛利率还不够低。

　　结合以上数据，一般来说毛利率越高，说明企业的核心竞争力越强。奢侈品和中成药类企业的毛利率都非常高，这两类企业不以走量为基础，而是以高附加值为战略目标。而渠道商则是以量取胜，毛利率越低，企业越有核心竞争力，以薄利多销为目标。

　　不同类型的企业有不同的战略目标，而毛利率的高低，也可以显示该企业的定位。企业最怕的是定位错误，本应该以量取胜的企业定价过高，或者本应以高附加值取胜的企业定价过低，都会影响企业的正常发展。而我们以毛利率筛选股票时，切不可一刀切，要先分清企业的定位，再结合毛利率进行筛选。

4.2.2 销售净利润率看谁棋高一着

同类企业的成本几乎都差不多，谁能棋高一着，比拼的就是费用。毛利率只考查了营业成本在营业收入中的占比，要进一步比较，就要比在达到同一效果的基础上，谁的费用更低。

销售净利润率 = 净利润 ÷ 营业收入。

分母不变，分子由毛利润变成了净利润，也就相当于扣除了费用之后的再次考量。注意这其中还包括营业外收入和营业外支出。我们要比的是哪家企业营业更占优势，而不是舍本逐末、靠其他收入来填补营业损失。优质的企业并不依靠营业外收入来扭亏为盈，所以销售净利润率是可以忽略这方面的。

同为知名乳制品企业的伊利股份（600887）和光明乳业（600597），在2013～2018年，两者毛利率相差不大，甚至前几年伊利股份的毛利率还比光明乳业低一些。但伊利股份的销售净利润率通常都是光明乳业的2～3倍。相关数据如表4-4和图4-4所示。

从表面上看，两个相同类型的企业，光明乳业初期在毛利率上胜过伊利股份。2018年，伊利股份每销售100元，股东会赚8.17元；光明乳业每销售100元，股东只能赚2.51元。但到了真正为股东赚钱的问题上，为何伊利股份却反超了光明乳业呢？

表4-4 伊利股份与光明乳业的毛利率与销售净利润率数据对比

时间	伊利股份		光明乳业	
	毛利率	销售净利润率	毛利率	销售净利润率
2013 年	28.67%	6.70%	34.75%	2.91%
2014 年	32.54%	7.72%	34.61%	2.86%
2015 年	35.89%	7.78%	36.11%	2.56%
2016 年	37.94%	9.40%	38.68%	3.34%
2017 年	37.29%	8.89%	33.31%	3.77%
2018 年	37.82%	8.17%	33.32%	2.51%

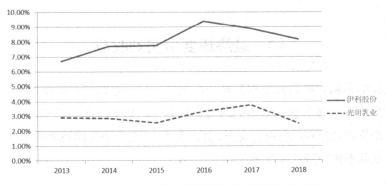

图 4-4　伊利股份与光明乳业的销售净利润率数据对比

　　问题就出在除去营业成本之后的各项费用上，具体数据如表 4-5 所示。两者的财务费用相差不大。伊利股份的管理费用比光明乳业要高 2～3 个百分点。可在销售费用上，光明乳业前 4 年内波动较小，始终保持在 27% 左右，直到 2017 年和 2018 年才下降至 23% 左右，刚刚赶上伊利股份的水平。至少从这两份数据来看，光明乳业一直处于被动状态的原因之一，就是销售费用过高。一支好的销售团队，会用同样比率的资金发挥更大的作用。

表 4-5　伊利股份与光明乳业的 3 种费用数据对比

时间	伊利股份			光明乳业		
	销售费用	管理费用	财务费用	销售费用	管理费用	财务费用
2013 年	17.89%	5.01%	−0.07%	27.07%	2.97%	0.33%
2014 年	18.51%	5.81%	0.28%	26.49%	2.83%	0.38%
2015 年	21.96%	5.73%	0.49%	27.83%	3.53%	0.72%
2016 年	23.29%	5.70%	0.04%	27.81%	3.82%	1.44%
2017 年	22.81%	4.57%	0.17%	23.87%	2.91%	1.14%
2018 年	24.86%	3.75%	−0.08%	23.80%	3.18%	0.96%

　　显然伊利股份更好地利用了资金，具备了更强的实力。将伊利股份和光明乳业向后复权，伊利股份上市首日开盘价为 9 元，至 2019 年 10 月 17 日，收盘价为 2 910.26 元；而光明乳业上市首日开盘价为 12.5 元，2019 年 10 月 17 日收盘价为 24.29 元。

4.3　最终还要落实到收益

毛利率和销售净利润率都只是一个数字而已。股东们真正要看的，是用了多少本钱，赚了多少钱，资金的回报率是多少。如果回报率低于银行存款率，不如直接将资金存到银行里更安全、更让人放心。衡量资金回报率的指标有两个：总资产收益率和净资产收益率。

4.3.1　总资产收益率

总资产收益率 = 净利润 ÷ ［（期初总资产 + 期末总资产）÷ 2］，总资产收益率体现了资产运用效率和资金利用效果之间的关系。在企业资产总额一定的情况下，利用总资产收益率指标可以分析企业盈利的稳定性和持久性，确定企业所面临的风险。

我们用 10 万元赚 1 万元还是比较轻松的，但是用 1 亿元赚 1 000 万元的困难程度就不一样了，体量越大，保持总资产收益率的平稳就越不容易，更何况还要保持匀速增长。

伊利股份的总资产体量比光明乳业大，但伊利股份的总资产收益率一直保持在 10% 左右，并且呈逐年递增的趋势。光明乳业的体量小，总资产收益率应该更容易创新高，却一直保持在 5% 以下，特别是 2018 年光明乳业的总资产收益率已经不足 2%，既不能超越伊利股份，自身也没有进步。两家企业的总资产收益率数据如表 4-6 和图 4-5 所示。

表 4-6　伊利股份与光明乳业总资产收益率数据　　　金额单位：亿元

时间	伊利股份			光明乳业		
	净利润	总资产	总资产收益率	净利润	总资产	总资产收益率
2013 年	31.87	328.77	9.69%	4.06	115.68	3.51%
2014 年	41.44	394.94	10.49%	5.7	130.22	4.38%
2015 年	46.32	396.31	11.69%	4.18	154.47	2.71%
2016 年	56.62	392.62	14.42%	5.63	160.8	3.50%
2017 年	60.01	493	12.17%	6.2	169.12	3.67%
2018 年	64.4	476.06	13.53%	3.42	179.34	1.91%

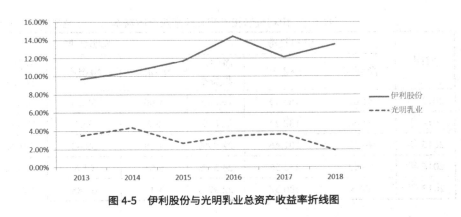

图 4-5 伊利股份与光明乳业总资产收益率折线图

4.3.2 净资产收益率

总资产中包含负债和净资产（所有者权益），如果只考虑总资产收益率，则无法看到企业使用负债杠杆后对净资产的回报率，所以要想进一步考量和落实收益，还应该再看一下净资产收益率。

净资产收益率 = 净利润 ÷ ［（期初净资产 + 期末净资产）÷ 2］。

2019 年人民币 5 年期定期存款利率为 2.75%，如果企业的净资产收益率低于 2.75%，不如将资金存入银行，以获得更稳定、更安全的收益。据 2019 年 10 月 17 日统计的 2018 年年报数据，上市企业中共有 902 家企业的净资产收益率低于 2.75%，在我们筛选股票时，这 902 只股绝对不能入选。

2019 年，5 年期国债票面利率为 4.27%。如果我们对股票的筛选更严格一点，就应该以 4.27% 为标准。据 2019 年 10 月 17 日统计的 2018 年年报数据，共有 1 194 只股票的净资产收益率低于 4.27%。如果买这些股票，不如去买国债。

但是我们投资股票是有风险的，如果净资产收益率达到 4.28%，只高出 5 年期国债票面利率 0.01% 就值得我们冒险了吗？所以，最低也得达到无风险收益率的 1 倍，即 8.54%。据 2019 年 10 月 17 日统计的 2018 年年报数据，共有 2 083 只股票净资产收益率低于 8.54%。

虽然光明乳业的各项财务数据都不如伊利股份，但它的净资产收益率除了 2018 年外，基本达到了我们的标准，如表 4-7 和图 4-6 所示。不过伊利股份的净资产收益率还是光明乳业的几倍。再回想它们的向后复权价格，就会了解这样的差距不是没有原因的。

表 4-7　伊利股份和光明乳业净资产收益率　　　　金额单位：亿元

时间	伊利股份			光明乳业		
	净利润	净资产	净资产收益率	净利润	净资产	净资产收益率
2013 年	31.87	163.13	19.54%	4.06	50.24	8.08%
2014 年	41.44	188.22	22.02%	5.7	52.1	10.94%
2015 年	46.32	201.46	22.99%	4.18	52.63	7.94%
2016 年	56.62	232.36	24.37%	5.63	61.6	9.14%
2018 年	64.4	280.37	22.97%	3.42	67.85	5.04%

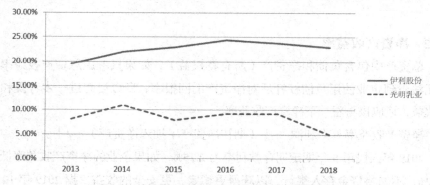

图 4-6　伊利股份与光明乳业净资产收益率折线图

可能你会问，那些收益率很低的股票，它们也会涨啊，并不是只要数据差就会下跌。即使是财务指标数据很差的股票，有时候也比数据好的股票上涨得更多。要想明白这个问题，就要先了解价值投资的主要目的，或者说投资的主要目的。

投资的目的是避险，在安全的基础上再谈收益。所以价值投资负责解释安全，而不负责解释谁会涨得更多。如果它是安全的，并且各项指标都比其他股票更好，更有利的条件是它的价格也比较低。这是多好的机会啊，漏网之鱼被你捡到了。既然是好东西，还怕它暂时涨得慢吗？

格雷厄姆说，短期股市是投票机，长期股市是称重机。只要它足够安全，只要它足够好，只要它价格合适，就是我们的机会。但从长期来看，它的股价必然会显示出它的质量，就像伊利股份和光明乳业的复权价一样。

4.4 谁更会经营？

企业的主要任务就是经营主业，这也是企业生存的必要能力。所谓"当官不为民做主，不如回家卖红薯"，是对这句话较为恰当的注解，即处在什么位置，就要做什么工作。

企业并不是把所有钱都拿来做主营业务，还会有其他的项目，但其他的我们不想管也不必管，我们只管企业的主营业务做得怎么样。

4.4.1 钱从哪来，到哪里去？

如果有人跟你说："嘿，兄弟，一起开个超市吧！"这就开始创业和经营了。

你俩采用股份制，一人拿一半的钱来开一家超市，把钱先放到一起，就在这一瞬间，钱是闲置的，而你们成立的企业，也只有一项资产，就是现金。此时的现金，称为金融资产。

接下来开始租房、装修、买货架、制牌匾、布置灯光、买冰柜、上货……这些钱慢慢地就花出去了。花出去的钱变成了资产：进的货就是流动资产，货架和冰柜等就是固定资产。这些资产是用来经营的，也就是用来服务超市的主营业务的，它们是用钱换来的，也就是用金融资产换来的，这些资产称为经营资产。

除了已花费的和一些常备的资金之外，还有一大部分资金。这些资金不能闲置着，闲置了就是浪费。这些钱可以存入银行、买入债券，或者买入一些短期就可以出手的股票等，这些钱与经营无关，所以它们也是金融资产。

经营资产和金融资产还可以相互转换。当超市赚钱时，你们有了更多的资金，却没有更好的用处，因此还是存银行、买债券、买投资性股票。这些钱就从经营资产转为了金融资产。如果需要扩大店面，或者进更多货，那就需要更多的钱，怎么办？把存在银行里的钱拿出来、把股票卖掉、把债券转让出去，将其变成存货、冰柜、货架。此时这些钱就从金融资产转为了经营资产。

有经营资产，就有经营负债。比如我们预收别人的账款、应付的票据和款项，这都是在经营过程中我们欠别人的钱。所以用经营资产减去经营负债就是净经营资产。同理，金融资产减去金融负债就是净金融资产。净经营资产加净金融资产就是总资产。

金融资产和经营资产的转换，是钱在企业内部的流通。

超市赚钱了，如果暂时没有扩张的打算，也不必把多余的钱都存到银行，将这些钱拿出一部分来进行分红，也就是股利。

你的钱投入企业中，经过一番经营，增值了，企业把增值的一部分拿出来，再返回你手里。企业所做的就是这件事，这就是钱在你和企业之间的流动。这是正向流动。如果企业又需要钱了，如超市需要再开个分店，并且目前企业留存的钱还不够，就需要增发一部分股份，此时企业需要融资，你再把钱投进去。这也是钱在你和企业之间的流动，不过这属于负向流动。

4.4.2 为什么要分开计算？

资产就是资产，为什么非要强调经营资产和金融资产呢？因为企业赚更多的钱，是以经营行为为主要手段，而不是通过金融手段。拿你的超市来说，你赚钱是通过物资的流转来实现，而不是通过交易股票。

如果我们要考查一家企业存在的价值，就要看它以净经营资产为基础赚了多少钱。所以我们就有了一个衡量等式，如下：

净经营资产回报率（RNOA）＝经营收益（OI）÷期初与期末净经营资产平均值（NOA）。

为了利用上面的等式进行计算，我们有必要分清楚哪些是经营资产，哪些是金融资产，哪些是经营收益，哪些是金融收益。

对照着资产负债表，我们给出以下区分方法。

1. 金融资产：现金等价物、短期投资、短期应收票据、长期债权投资。

2. 经营资产：资产方面的所有其他项目。

3. 金融负债：短期负债、一年内到期的长期负债、短期应付票据、长期借款（银行贷款、应付债券、应付票据）、应付融资租赁款、优先股。

4. 经营负债：负债方面的所有其他项目。

以上为如何区分分母，我们再来看分子，即如何区分经营收益和金融收益。

通常营业总收入减去营业总成本、销售费用、管理费用、营业税金及附加、资产减值损失之后的收益就是税前经营收益。

明确了分母和分子，我们就能系统地计算一家企业真正赖以生存的净经营资产回报率了。再补充一句，通常计算的经营收益是税前的，如果要计算税后收益还需要知道各种税率的分配情况，那就非常复杂了。此处我们就简化为计算税前回报率。

4.4.3　强中自有强中手

表 4-8 所示为 2018 年年报的部分数据，伊利股份的净经营资产回报率高于光明乳业。从 4.2.2 小节的数据可以看出，在盈利能力上，两者的毛利率、管理费用、财务费用差别不太大，但伊利股份的销售团队更强，所以伊利股份可以用相对更少的销售费用创造出更多的利润。

从利润表的基本数据来看，光明乳业主要差在这一点上。以至于光明乳业从销售净利率到总资产收益率，从净资产收益率到净经营资产回报率都不如伊利股份。因此在市场中，不需要太多的优势，有时候只需要一项优势，就会产生指数性的效应。

表 4-8　伊利股份与光明乳业 2018 年净经营资产
回报率数据　　　　　　　　　　　金额单位：亿元

项目	伊利股份	光明乳业
货币资金	110.51	40.68
应收账款	11.01	16.44
预付账款	14.6	4.9
其他应收款	1.55	1.91
存货	55.07	20.33
其他流动资产	50	1.56
固定资产	146.88	59.33
在建工程	26.87	12.22
无形资产	6.39	3.77
商誉	0.11	2.53
递延所得税资产	6.09	4.63

续表

项目	伊利股份	光明乳业
经营资产	429.08	168.3
应付账款	88.39	19.51
预收账款	44.01	9.13
应交税费	3.53	3.25
其他应付款	12.21	23.49
递延所得税负债	1.06	1.03
经营负债	149.2	56.41
净经营资产	279.88	111.89
营业总收入	795.53	209.86
营业成本	491.06	139.93
管理费用	29.8	6.68
销售费用	197.73	49.95
资产减值损失	0.76	2.14
税金及附加	5.31	0.96
税前经营收益	70.87	10.2
净经营资产回报率	25.32%	9.12%

本章逻辑链

1. 考查企业的盈利能力，主要看利润表，利润表为增量表，分为3个部分：营业利润、利润总额和净利润。

2. 企业定位决定着毛利率的高低标准，并不是毛利率越高越好。有较高附加价值的企业毛利率更高，核心竞争力也更强；而渠道经销商的毛利率越低，核心竞争力越强。毛利率不能只看数值，还要结合企业的战略定位。

3. 销售净利率用于考查企业三大费用的情况，费用在营业收入中占比越高，说明经营能力越差。伊利股份向后复权增长了322倍以上，而光明乳业只增长

了近 2 倍，从利润表的基础数据来看，主要是因为伊利股份的销售费用占比更低。

4. 不管企业的利润有多少，那都只是一个绝对值。而股东们将资本投入企业，想看到的是产出相对于投入的比值，要的是相对值。总资产收益率和净资产收益率可以衡量投入产出比。

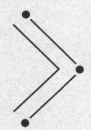

第三轮筛选:营运能力

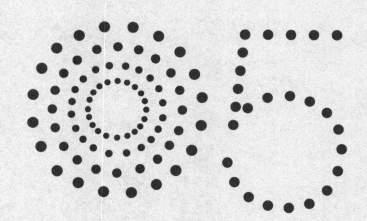

故将通于九变之地利者，知用兵矣；将不通于九变之利者，虽知地形，不能得地之利矣。治兵不知九变之术，虽知五利，不能得人之用矣。——《孙子兵法·九变篇》

5.1　周转

营运，很大程度上意为周转。如果我用 5 万元开一间小超市，准备将 5 万元全部变成存货，卖完了再去进货；可是 5 万元的存货有点多，2 万元就足够卖一天，那么我可以只保留 2 万元的存货。一天的营业结束后，我再将存货补齐至 2 万元的量。这样我用 2 万元，一样可以做 5 万元的生意，但是效率就高多了。

5.1.1　产品差异与成本领导

企业做得好，在于它的产品卖得好。卖得好又有两种解释，一种是卖得贵，另一种是卖得多。卖得贵的，如苹果、奔驰、宝马、宾利、茅台等，你分析这些企业的话，就会发现它们的毛利率相当高，特别是茅台的毛利率高于 90%。

为什么这么贵的东西还有人买呢？因为你一旦拥有了它，就会感觉自己与别人不一样，会带来心理上的满足感。购买这些东西，就是为自己的感觉买单。这类产品，我们认为它具有"产品差异化优势"。

毛利率高的企业，基本都是具有产品差异化优势的企业。特别是中药企业，我们说过中药本身的配方能提升它的附加价值，是该企业的一种专利，它的产品天然就具有产品差异化优势。

比如有两家自助火锅店，价格一样，口味也差不多，但只有一家提供冰激凌。顾客为了吃完油腻的火锅后吃一口凉爽的冰激凌，肯定要到这家店来。虽然两家店的主营业务是一样的，但附带的服务还是会有差异，这也是优势。

某些高档西餐厅，一晚上一张桌子可能就接待一对客人，他们可以慢慢地上菜，一顿饭吃两三个小时也可以。一张桌子接待一对客人就可以收工了。为什么？因为卖得贵，接待一对客人就达到了营业要求。而反过来看街边大排档，他们靠的是客流量来赚钱，一张桌子要接待十对八对客人才可以，因为他们卖的东西价格比较便宜。

根据总额 = 数量 × 单价这一公式，卖得少但卖得贵和卖得多但卖得便宜，两者可能相差不多。只是卖得少但卖得贵的企业，它的周转率可能就会低一些。而卖得多但卖得便宜的企业，它的周转率可能就会高一些。

这就涉及产品定位的问题。如果你经营的本应是一家很高级的店，价格定得又非常低，想薄利多销，那来你这儿的客人就会怀疑产品质量。正所谓不能脱离成本谈质量，不能脱离剂量谈疗效。你走的是高端路线，定价相应地就要高一些，让有能力来这里消费的人可以获得这种心理上的满足感。

如果你开的是一家超市，你就得定价低一点，使货物流转快一点。定价越低，来的客人越多，销售得越快，流转得就越快。所以我们在说毛利率的时候，零售企业的毛利率越低越好，像沃尔玛的毛利率就不足10%。这种薄利多销型的企业，或者说有低成本优势的企业，我们称它具有"成本领导优势"。

这两种状况是两种定位。定位很重要，就像一个人得"自知"。自知后，才能知道自己的长处和短处，继而知道如何扬长避短。企业走高端路线，那就让自己的毛利率高一点，周转率低一点；走低端路线，那就让自己的毛利率低一点，周转率高一点。

5.1.2 应收账款周转率

所有应收项目中，一般只计算应收账款周转率，为什么不计算应收票据周转率呢？因为如果对方可以出具票据，这钱基本上就是可以要回来的了；而应收账款，却存在着极大的违约风险。应收账款是一直流落在外的钱，如果这笔钱能在短期内要回，就可以参与下一轮经营活动，所以应收账款周转率是用来衡量企业资金周转情况的重要指标。

应收账款周转率 = 当期营业收入 ÷ [（期初应收账款余额 + 期末应收账款余额）÷ 2]。

公式中，分子本应为"当期销售收入"，但在财务报表中无法找到内部数据，所以我们只能用营业收入来替代。企业之间的赊销赊购现象非常普遍，在短期内你欠我的、我欠你的，这种流动负债也很正常，这些账都要记在应收账款中。

企业之间的经营活动，就是用现金买入固定资产和流动资产来进行生产，再将产品卖出，将现金收回。我们可以把应收账款想象成超市收银台那个装钱的盒子，也就是从企业中售出产品所赚的钱都要流入这个盒子，我们拿到这个盒子里的钱后再继续去生产，这是一个循环。这个过程在不停地循环。

循环得越快，也就是钱周转得越快，钱被利用的效率越高。应收账款（盒子里的钱）的周转率越高，说明企业的营运效率越高。我们用 365 天来除以应收账款周转率就可以得到应收账款周转天数，可以更直观地看到这些钱多少天才能周转一次。

应收账款周转天数 = 365 ÷ 应收账款周转率。

伊利股份的应收账款周转率在 2013 ~ 2018 年间都在 80% 以上，光明乳业的应收账款周转率是伊利股份的 10% 左右，如表 5-1 和图 5-1 所示。可以看出，光明乳业在应收账款周转率上的竞争力明显不如伊利股份。

表 5-1　伊利股份与光明乳业应收账款周转率数据　　金额单位：亿元

时间	伊利股份			光明乳业		
	营业收入	应收账款均值	周转率	营业收入	应收账款均值	周转率
2013 年	477.79	3.145	151.92 %	162.91	13.48	12.09%
2014 年	544.36	4.265	127.63 %	206.5	15.47	13.34%
2015 年	603.6	5.425	111.26 %	193.73	16.695	11.60%
2016 年	606.09	5.72	105.96 %	202.07	16.38	12.34%
2017 年	680.58	6.79	100.23 %	220.23	17.725	12.42%
2018 年	795.53	9.44	84.32 %	209.86	17.71	11.85%

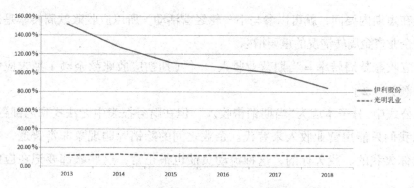

图 5-1　伊利股份与光明乳业应收账款周转率折线图

5.1.3　存货周转率

我们用"营业成本"替换"销售成本"。这次为什么是用成本来衡量而不是用收入来衡量呢？因为存货就是产品，计价方法就是用产品的成本来衡量。

存货周转率 = 营业成本 ÷［（期初存货余额 + 期末存货余额）÷ 2］。

企业经营得好不好，就是看货卖得多不多，或者说卖得贵不贵。卖得多的是快消品，卖得贵的是奢侈品，这里面涉及了毛利率的概念。但不论是多还是贵，最后还是要看卖得快不快，即货生产出来能不能立刻拿钱回来继续生产。

存货周转天数 = 365 ÷ 存货周转率。

两家乳制品企业的存货周转率几乎相同，如表 5-2 和图 5-2 所示。因为乳制品保质期短，不可能有较大的差异。换算成存货周转天数为 45 天左右，一个半月的时间，也约等于乳制品的平均保质期。

表 5-2　伊利股份与光明乳业存货周转率数据　　　金额单位：亿元

时间	伊利股份			光明乳业		
	营业成本	存货均值	周转率	营业成本	存货均值	周转率
2013 年	340.83	33.39	10.21 %	106.3	12.585	8.45 %
2014 年	364	43.455	8.38 %	135.91	17.88	7.60 %
2015 年	383.76	48.355	7.94 %	123.78	19.64	6.30%
2016 年	374.27	44.945	8.33 %	123.91	18.51	6.69%
2017 年	423.62	44.83	9.45 %	146.78	18.355	8.00%
2018 年	491.06	50.735	9.68 %	139.93	19.275	7.26%

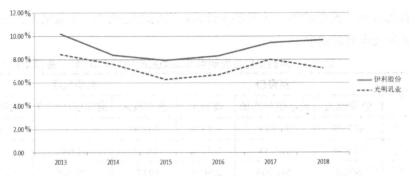

图 5-2 伊利股份与光明乳业存货周转率折线图

存货周转速度越快，存货占用水平越低、流动性越强，也就是卖得越快，就可以越快速地转化为现金或应收账款。快速收回资金，有利于缓解企业的短期偿债压力。通过对存货周转率的分析，可以找出存货管理中的问题，尽可能地降低资金占用水平。

5.1.4 流动资产周转率

应收账款周转率衡量的是卖货的效率，存货周转率衡量的是生产的效率。流动资产周转率衡量的是包括应收账款和存货在内的全部流动资产的营运效率。

流动资产周转率 = 营业收入 ÷〔（期初流动资产 + 期末流动资产）÷ 2〕。

流动资产周转天数 = 365 ÷ 流动资产周转率。

流动资产周转率反映了企业流动资产的周转速度，是从企业全部资产中流动性最强的资产这一角度对企业资产的利用效率进行分析，以进一步揭示影响企业资产质量的主要因素。

要实现该指标的良性变动，应以营业收入增幅高于流动资产增幅作为保证。通过对该指标的对比分析，可以促进企业加强内部管理、更有效地利用流动资产、降低成本、调动暂时闲置的货币资金以用于短期投资和创造收益等，还可以促进企业采取措施扩大销售，提高流动资产的综合使用效率。

一般情况下，流动资产周转率越高，流动资产的利用率也就越高，相当于流动资产投入的增加，在一定程度上增强了企业的盈利能力。若周转速度过慢，就需要补充流动资金参与周转，就会形成更大的浪费，降低企业盈利的效率。

两家乳制品企业的流动资产周转率差别不大，如表 5-3 和图 5-3 所示，但它们总体都呈现下滑的趋势，这又是为什么？我们之前说过，体量越大，要保持固有的增长率就越困难。

表5-3　伊利股份与光明乳业流动资产周转率数据　　金额单位：亿元

时间	伊利股份			光明乳业		
	营业收入	流动资产均值	周转率	营业收入	流动资产均值	周转率
2013 年	477.79	115.25	4.15 %	162.91	57.37	2.84 %
2014 年	544.36	187.34	2.91 %	206.5	64.645	3.19 %
2015 年	603.6	203.935	2.96 %	193.73	70.365	2.75 %
2016 年	606.09	199.725	3.03 %	202.07	75.775	2.67 %
2017 年	680.58	250.025	2.72 %	220.23	78.64	2.80 %
2018 年	795.53	271.505	2.93 %	209.86	83.55	2.51 %

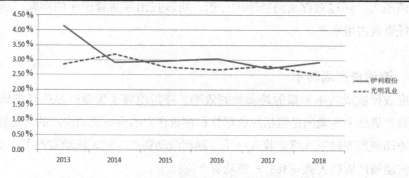

图5-3　伊利股份与光明乳业流动资产周转率折线图

5.1.5　固定资产周转率

资产分为流动资产和非流动资产，而非流动资产中最大的部分应为固定资产，包括厂房、设备等。固定资产周转率主要用于分析企业对厂房、设备等固定资产的利用效率，比率越高，说明利用效率越高，管理水平越好。如果固定资产周转率过低，说明企业并不需要这么多的固定资产，或者说明企业存在销售情况不好、开工率不足等问题。固定资产每天都会折旧，不能有效利用或满负荷利用，都是对资产的浪费。

固定资产周转率＝营业收入 ÷［（期初固定资产余额＋期末固定资产余额）÷ 2］。

固定资产周转天数 = 365 ÷ 固定资产周转率。

两家乳制品企业的固定资产周转率非常接近，伊利股份总体略高于光明乳业，如表 5-4 和图 5-4 所示。固定资产周转率更为复杂的地方在于要考虑当期资产减值和折旧的问题，不过我们并不是企业的经营者，不必深究。相对于其他数据来说，固定资产周转率只要保持一定水平就行。

表 5-4　伊利股份与光明乳业固定资产周转率数据　　金额单位：亿元

时间	伊利股份			光明乳业		
	营业收入	固定资产均值	周转率	营业收入	固定资产均值	周转率
2013 年	477.79	96.52	4.95 %	162.91	30.265	5.38 %
2014 年	544.36	117.645	4.63 %	206.5	38.84	5.32 %
2015 年	603.6	138.42	4.36 %	193.73	48.805	3.97 %
2016 年	606.09	138.48	4.38 %	202.07	57	3.55 %
2017 年	680.58	131.965	5.16 %	220.23	60.79	3.62 %
2018 年	795.53	139.72	5.69 %	209.86	60.275	3.48 %

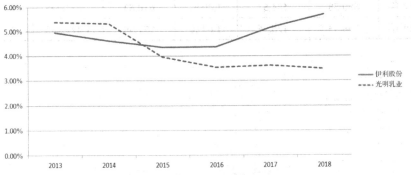

图 5-4　伊利股份与光明乳业固定资产周转率折线图

5.1.6　总资产周转率

总资产周转率是综合评价全部资产的经营质量和利用效率的重要指标。不过我们在本节开篇便讲了两种经营类型，一种为产品差异化优势，另一种为成本领导优势。毛利率越高的企业，周转率越低；而毛利率越低的企业，周转率反而越高。其中的关键，就是企业是高附加值定位还是薄利多销定位的问题。所以我们不必继续比较两家乳制品企业的数据了，要换一类毛利率更高的企业进行对比。

总资产周转率＝营业收入 ÷［（期初总资产余额＋期末总资产余额）÷ 2］。

总资产周转天数＝365 ÷ 总资产周转率。

伊利股份的总资产周转率是贵州茅台的 3 倍左右，如表 5-5 和图 5-5 所示。

但不能说谁好谁坏，因为两家企业的定位不一样。乳制品企业不适合走高端路线，如果要走，也只能是少部分产品，它需要符合更多人的需要。而茅台就不用如此，它的品牌和售价本身就已经将一批人筛选了出去，它只需要面向特定人群即可。所以伊利股份卖得便宜但卖得多，它具有成本领导优势；贵州茅台卖得少但卖得贵，它具有产品差异化优势。

表5-5 伊利股份与贵州茅台总资产周转率数据   金额单位：亿元

时间	伊利股份			贵州茅台		
	营业收入	总资产均值	周转率	营业收入	总资产均值	周转率
2013 年	477.79	361.855	1.32 %	310.71	502.26	0.62%
2014 年	544.36	395.625	1.38 %	322.17	606.635	0.53%
2015 年	603.6	394.465	1.53 %	334.47	760.87	0.44%
2016 年	606.09	442.81	1.37 %	401.55	996.18	0.40%
2017 年	680.58	484.53	1.40 %	610.63	1 237.725	0.49%
2018 年	795.53	476.06	1.67 %	771.99	1 472.285	0.52%

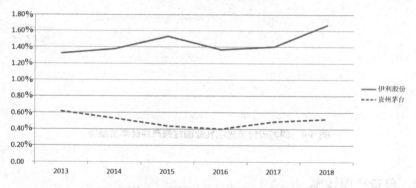

图5-5 伊利股份与贵州茅台总资产周转率折线图

5.2 现金

企业从募集现金开始，到准备固定资产、筹备生产，再到产品生产、销售，最后再回到现金。所有的环节都围绕着现金进行，其目的都是获得现金。现金是最初的手段，也是最后的目的。现金投入与回收，也是营运的范畴。我们在了解现金流量表之前，要先了解两种制度——权责发生制和收付实现制。

5.2.1 权责发生和收付实现

假如我在街边卖报纸，卖一份报纸收一份钱，这是正常经营。但是有一家超市的老板要我每天送一份报纸过去，月底结账。我虽然每天多卖了一份报纸，但是我没收到钱，这算不算利润？

如果我每天都制作一份利润表，并且把超市老板赊购的一份也算上，这就是权责发生制。我有权利在月底向他要回报纸钱，他有责任在月底给我结账。权利和责任都发生了，这叫作权责发生制。不论我收没收到钱，都要反映在利润表中。虽然获得了盈利，但没拿到钱，只是将这笔钱记在每天的应收账款中。

如果因为没收到钱，我每天的利润表中都不记入这一笔，也就是我不承认这笔交易发生了。只有等到月底超市老板把钱结给我，我才记录月底这一天卖出了 30 份报纸，利润也全记在这一天，这称为收付实现制。我收了，他付了，这笔交易才正式完成。

权责发生制是以是否达成交易来记录，收付实现制是以现金是否收回来记录。这就是利润表和现金流量表的区别：利润表采用权责发生制，现金流量表采用收付实现制。

现金流量表，它不管你这一天这一年做成了多少交易，只要没有现金，就不记录在上面。除非有现金流的流动，才可以在表中进行记录，它的作用是弥补利润表的缺陷。如果我们每一笔交易都没收到钱，利润表确实很漂亮，但受的却是"内伤"，赚了一堆没有任何意义的白条。

但如果都按照现金流量表这样来记录的话，也很麻烦。如果大家都跟我月底结账，在每个月的最后一天前，我的利润都是零，而最后一天却突然成交一大笔。这种记录方式不利于考查平均利润。

所以我们既不能以权责发生制为绝对标准，也不能以收付实现制为绝对标准，只能将两者结合起来进行参考。

5.2.2 现金流量表

现金流量表分为 6 个子项，但其中有两项最重要：经营活动产生的现金流量、投资活动产生的现金流量。

经营活动产生的现金流量分为两个部分——现金流入和现金流出，流量净额为两者之差。与经营活动有关的现金流入，无须考虑成本、费用、税费等因素，只要有钱进账，它就如实记录。例如2份报纸卖7个铜板，不管报纸的成本是多少、卖报纸的费用是多少，它只记录收到了7个铜板。同样现金流出也什么都不管，只要钱花出去了，就会被载入现金流量表。经营活动中产生的现金流量净额，是企业的命脉。因为企业的本职就是经营主营业务，只有这部分的流量净额为正，才算是真的赚到了钱。

投资活动产生的现金流量，与经营活动现金流量相似。只不过它记录的是与经营无关的投资活动。唯一需要注意的是，投资不是狭义的投资，购入厂房、设备等都属于投资。因为固定资产不会用一年就报废，所以这属于长期摊销的成本。如果一家企业需要频繁地更换设备，那么它每隔几年，就会出现一次极大的投资净流出现象。

投资是为了更好地经营，经营是为了更多地去投资，这两者相得益彰、互相作用。万不可因为投资净流量大（投资收益较多），而轻视了企业的发展。在不影响经营的前提下，投资越少越好。巴菲特说他永远不会卖出可口可乐的股票，原因之一就是可口可乐不会频繁地更换设备，通常使用固有的生产线就足够了。那么它一次性支出的投资，足够维持很多年的经营了。这样现金投入少，现金产出多。

筹资活动产生的现金流量，专门记录企业筹资的现金流进、流出情况。企业可能向银行借钱，借来的这笔钱就是流入，付出的利息就是流出；企业也可能增发新股，募集的新资金就是流入，发售新股的费用就是流出。

汇率变动也会影响现金的数额。如果企业有涉外贸易，就会有很多外汇储备，而汇率的变动直接影响着手中外汇的购买力。影响汇率的情况有很多种。

基础利率变动是影响因素之一。资金会从利率较低的国家流入利率较高的国家，资金流入国家的货币就会升值。假如A国使用a币，基础利率是5%；B国使用b币，基础利率是10%，B国的无风险收益率比A国高。如果你是A国人，你想怎么办？当然是把钱换成b币，去B国存入银行。博弈论里有一个基础理论：你能想到的，别人也能想到。所以不单单是你把钱换成了b币，你身边的A国人也都忙着要把a币换成b币。如果我们把b币想象成一种商品，就是大家都在争着抢着买b币。根据供需理论，供不应求的情况下，b币会涨价。你原来用

1 单位 a 币可换 1 单位 b 币，现在变成了用 2 单位 a 币才能换 1 单位 b 币了，因此 b 币升值。

经济增长速度是影响因素之二。一国经济处于快速增长期时，经济较为活跃，该国的经济地位就会提高。不论是基础设施的建设，还是交易总量的增长，都吸引着各地的资金涌入此地来投资或做生意。那 A 国人想要去 B 国做生意，A 国人就要把 a 币换成 b 币才行。越来越多的人带着越来越多的 a 币涌入 B 国，争抢着兑换 b 币，因此 b 币升值。

贸易顺逆差是影响因素之三。什么是贸易顺差？B 国对 A 国的出口总额大于进口总额，也就是说 B 国卖的东西比买的东西多，B 国就是贸易顺差，A 国就是贸易逆差。同理，A 国要付钱买单，那用什么买单？当然就是用 b 币。贸易顺差越大，需要的 b 币就越多，b 币自然升值。

5.2.3　自由现金流

再生障碍性贫血，是指身体由于某种原因不再造血，或者造血周期非常长，造血非常缓慢的一种综合征。同时血细胞还按照正常的速度进行新陈代谢，导致自身的血细胞越来越少。缓解的方法就是定期输血，辅以治疗，使造血机能恢复。

企业的运行就像人的身体一样，企业存在的目的就是不停地创造正向现金流。首先把钱变成设备、原材料，制成产品后出售，以换取更多的现金，并再一次把钱变成设备、原材料，不断地循环下去。

循环的起点是现金，终点还是现金。如果在循环的过程中出了问题，终点的现金少于起点的现金，那一定就会亏损。

所以这就是为什么我们在看利润表的同时，还要注意现金流量表。利润表只告诉你账面上赚了多少钱，而现金流量表才能真正告诉你企业拿到了多少钱。就好像你跟 3 个没有现金的人做买卖，虽然你卖出了东西，但只拿到了赊账的欠条，没有获得现金。

现金流意义非常大，但这里面意义最重大的还是自由现金流。自由现金流是企业产生的、在满足了再投资需要之后剩余的现金流量，这部分现金流量是在不影响企业持续发展的前提下可分配给企业资本供应者的最大现金额。它是经营现金流量净额与投资现金流量净额之和。

自由现金流＝经营活动产生的现金流量净额＋投资活动产生的现金流量净额。

要理解自由现金流，还得从经营现金流量和投资现金流量说起。如果你是一个斧头制造商，需要木材、铁，再雇2个伙计。买木材、雇伙计，这就产生了一次性成本，这也是经营活动，所以做这些事花出去的钱，就是经营现金流出，假设这些费用一共1 000元。斧头制造出来了，并被成功售出，变成了钱，这就是经营活动现金流入，假设卖了1 800元，那经营活动现金流量净额就是800（1 800－1 000）元。

这剩余的800元就是自由现金流，之所以叫"自由"，是因为这意味着你可以自由支配它。这是一个非常简单的例子，就是一个人做了一个小本生意的过程。我们再加一个条件，它就变成意义重大的复杂事件了。

如果你买1个机床，就可以少雇1个伙计。所以你花2 000元买了一个机床，辞退了1个人，机床可用10年，平均每年才花费200元。但你今年的自由现金流只有800元，根本买不起机床，于是就向银行借1 200元。机床可用10年，不是一次性成本，而是长期摊销成本，所以买机床就是投资现金流出。

第2年，少雇了1个伙计（1个伙计200元），你的经营现金流出800元，现金流入1 800元，投资现金流出2 000元。你的自由现金流是－1 000元（1 800－800－2 000）。

第3年，经营现金流出800元，经营现金流入1 800元，投资现金流出0元。自由现金流是1 000元。

通俗地讲，自由现金流就是在满足了你生产斧子的一切成本后（不论是一次性的经营成本，还是多周期摊销的投资成本）剩下的钱。这些钱你可以自由支配，比如可以还银行利息，或者以红利的形式派发给股东。

请一定要注意这个前提，就是满足了一切生产成本后，还有剩余的钱。有些企业需要不停地更换设备，这些都是投资且数额相对较大，经营过程中赚的钱都拿来投资了。利润表上大额的收益都只是表面光鲜，实际收到的现金却没有那么多。现金哪儿去了？大都变成厂房和设备了。

可能你会问，这有什么不好呢？企业赚了钱，投资设备是为了扩大再生产。这种说法有一定的道理，对于初创型企业，他们这么做无可厚非；对于成长中的企业，他们这么做也还说得过去；但作为一个处于平稳期的企业，如果还这样做，那就毫无竞争力可言了？

我们跨行业比较一下，为什么饮料类、酒类企业有大量的正向自由现金流，而汽车、重工类企业几乎都会周期性地出现负向自由现金流？

因为饮料类、酒类企业的市场占有率几乎是固定的，喝百事可乐的几乎不买可口可乐，喝汾酒的几乎不买老白干，所以这类企业在到达平稳期后，它们的设备几乎不需要大规模更换，只要按部就班地生产就可以了。特别是白酒类企业，建造好的酒窖可以用 10 年甚至 20 年，投资现金流出很少或几乎没有。

汽车、重工类企业可以吗？代加工的流水线可以吗？这些行业的技术更新太快，几年就得大规模换一次设备，原有设备只能被淘汰并降价处理。所以饮料类企业能给投资者带来大量的现金回报，而设备制造类企业的大部分利润都用在设备更新上了。

我们说过设备投资是长期摊销费用，所以这种投资会在连续的几年中出现一两次，那么对于自由现金流的考查，就不能只看 1 年，而应该看连续的几年。表 5-6 与图 5-6 为伊利股份和光明乳业的自由现金流数据和折线图。从中可以看出自由现金流时正时负，这都没关系。但是我们把这 6 年的自由现金流加起来后，会发现伊利股份这 6 年的自由现金流总额为 234.15 亿元，光明乳业这 6 年的自由现金流总额为 5.38 亿元，光明乳业可自由支配的现金较少。

表 5-6　伊利股份与光明乳业自由现金流数据　　　　　单位：亿元

时间	伊利股份	光明乳业
2013 年	−7.85	2.65
2014 年	14.37	−13.79
2015 年	60.49	−1.62
2016 年	95.74	15.44
2017 年	38.89	5.51
2018 年	32.51	−2.81

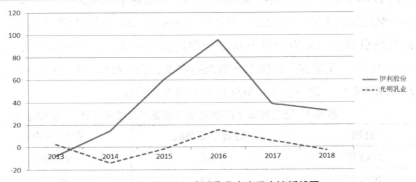

图 5-6　伊利股份与光明乳业自由现金流折线图

5.2.4 经营现金流才是干细胞

再生障碍性贫血患者在每个月输血后，血红蛋白数量会增多。这种增多是真的增多吗？要判断是否真的增多了，就要除去输入的血液后再进行衡量。自身造血就像企业的经营，而输入的血液就像企业的融资。

我们说过，企业经营的目的就是赚取现金，起点是现金，终点还是现金。如果一家企业赚不到现金，那自身的血液就会干涸，如果不从外部融资，它离倒闭也不远了。这体现的就是每股经营现金流的重要性。

如果我们开一家小超市，进货支付现金 3 万元，货卖完了，回收现金变成了 2 万，现金变少了，可能是亏损了或欠账没收回来，自身不"造血"了。我们假设这个小超市是股份制，共 1 万股，那么此时每股经营现金流为 -1 元。

自由现金流是经营现金流量净额与投资现金流量净额之和。而投资现金流通常为负数，因为我们要投入设备，如买个货架、冰柜、货车等。那如何保证自由现金流为正数呢？并且如何才能让最后收回的现金还能覆盖设备投资呢？

有正向的自由现金流对企业来说是非常重要的，而重中之重就是要保证经营现金流远大于投资现金流。

我们先来看一个负面的例子。亚星客车（600213），2013 ~ 2018 年，它的每股经营现金流分别为 -0.16 元、-1.38 元、-0.85 元、-3.03 元、-1.09 元、-1.62 元。6 年均为负值，也就是不论它最终是盈利还是亏损，这组数据都告诉我们其现金每年都在变少。现金是企业的血液，钱越来越少，也就是企业的血液越来越少。6 年间，每股经营现金流共减少 8.13 元。

亚星客车在 2018 年年末，共有约 2.2 亿股，也就是 6 年间亚星客车的现金共减少约 17.89 亿元，令人震惊。2018 年年末，亚星客车的净资产只有 2.75 亿元，但它还能继续经营下去。为什么？因为自身不造血，还可以从外部输血。

如何融资呢？一般有两种方法，一种是找人借钱，另一种是找人投钱。2013 ~ 2018 年，亚星客车的股本一直维持在 2.2 亿股的水平上，那么就可以断定亚星客车的负债一定增加了。具体数据如表 5-7 所示。

表 5-7　亚星客车筹资净现金流与资产负债率数据　金额单位：亿元

时间	筹资净现金流	资产负债率
2013 年	0.9	85.40%
2014 年	2.84	94.41%

续表

时间	筹资净现金流	资产负债率
2015 年	2.13	94.88%
2016 年	6.55	95.60%
2017 年	3.71	94.50%
2018 年	2.88	94.73%

　　亚星客车 6 年间共筹资 19.01 亿元，足可覆盖其因经营不善而减少的 17.89 亿元。2013 ～ 2018 年，亚星客车的负债总额以平均每年 2.1% 的速度增长，2018 年其资产负债率达到 94.73%。也就是说，每 100 元的资产中有 94.73 元是负债，只有 5.27 元是企业的。

　　企业经营到这种程度，不算投资的资金，只计算它在经营活动中的资金，已多年未能为企业创造价值。

　　你可能会说，至少亚星客车还在赚钱。但盈利只是账面上的，现金流才是最重要的。如果你投资一个项目，经理人跟你说有一个好消息和一个坏消息，好消息是赚钱了，坏消息是没钱了，你怎么看？

5.2.5　赚的够不够还？

　　自由现金流的真正含义是本年度内真正可以自由支配的现金。现金从何处来？从债权人和股东处来。现金向何处去？还给债权人，给股东发放股息。股东可以不分红，但债权人的钱到期了必须要还，并且要用现金还，所以当年所拿到的现金够不够还到期的债务，是考查企业营运能力的重要指标。

　　现金到期债务比 = 营业现金流量净额 ÷ 本期到期债务。

　　需要注意的是，作为分子的营业现金流量净额并不是狭义的经营活动产生的现金流量净额，而是自由现金流；作为分母的本期到期债务也不是债务总额，而是 1 年内到期的长期负债与本期应付票据之和。现金到期债务比的警戒线是 1.5，因为比值为 1 是不够的，比值等于 1 时即自由现金流全用于还债，下一年拿什么维持经营呢？

　　除了本期到期债务外，还需要了解自由现金流和流动负债之间的关系。流动负债的范围比本期到期负债范围大得多，需要把各种应付科目都计算进去。这样一来，这个标准就会比现金到期债务比更加严格。流动负债都是今年要还的钱，之前用过流动比率这一指标，但不同的是，流动资产不是现金，变现还需要一段时间。用自由现金流更直接，这叫作无障碍偿还能力。

现金流动负债率 = 经营活动现金流量净额 ÷ 流动负债。

5.3 盈利的质量

卖出了产品，其货款一定能收回来吗？不一定。报表中应收账款的每个报告期都会提取坏账准备，对应的就是有可能收不回来的账款，尤其是账龄特别长的。企业自身还处于经营中，也会有应付账款需要付给别人。当银行、债权人来催账，企业得拿现金清偿，而不能拿着利润表去还债。所以盈利虽然重要，但盈利的质量更重要，100%的盈利中，有多少是可以收回来的现金，是我们需要考查的重中之重。

5.3.1 销售现金比率

营业收入是企业在经营活动中的总收入来源，在经营活动中产生的现金净流量是考查企业经营能力的重要指标。

销售现金比率 = 经营活动现金流量净额 ÷ 营业收入。

销售现金比率越高，说明每1元的销售金额中，会有越多的现金流入。但我们还是需要通盘考虑，对于那些靠产品差异化优势获得高毛利率的企业，销售现金比率越高越好；而靠成本领导优势获得毛利的企业，该比率并不是越高越好。

同为中药行业的两只股票，东阿阿胶每销售100元，平均会有近17元的现金净流入；而太龙药业（600222）却只有5元左右的现金净流入，有时还是负值，具体数据如表5-8与图5-7所示。2013 ~ 2018年，东阿阿胶的销售现金比率的平均值约为17.28%，而太龙药业的平均值只有5.14%，东阿阿胶的盈利质量是太龙药业的3倍以上。如果你去查它们的财务报表，可以看到东阿阿胶的净资产收益率平均为24%左右，太龙药业的净资产收益率平均在0.1%左右，由此可以看出盈利质量也是影响净资产收益率的因素之一。

表 5-8　东阿阿胶与太龙药业销售现金比率数据　　金额单位：亿元

时间	东阿阿胶			太龙药业		
	经营活动现金流量净额	营业收入	销售现金比率	经营活动现金流量净额	营业收入	销售现金比率
2013 年	8.79	40.16	21.89%	−0.07	13.05	−0.54%
2014 年	6.57	40.09	16.39%	0.9	12.54	7.18%
2015 年	9.78	54.5	17.94%	0.49	10.17	4.82%
2016 年	6.25	63.17	9.89%	0.71	9.53	7.45%
2017 年	17.57	73.72	23.83%	0.23	11.68	1.97%
2018 年	10.09	73.38	13.75%	1.19	11.95	9.96%

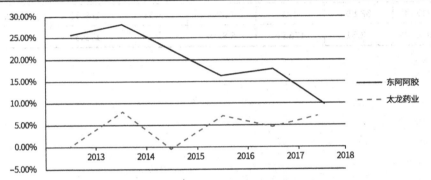

图 5-7　东阿阿胶与太龙药业销售现金比率折线图

5.3.2　全部资产现金回收率

企业最终以可自由支配的现金为自由现金流，那么每年产生的自由现金流占总资产的比率是多少呢？全部资产现金回收率，反映的就是如果仅靠自由现金流，需要多长时间才能回收全部资产。其比值越高，说明企业每年可支配的自由现金流越多，营运情况也越好。如果比值为 10%，即每年可回收 10%，10 年就能回收全部资产。所以这个比率的倒数可以用来说明全部资产用自由现金流回收所需要的时间。回收期越短，说明资产获取现金的能力就越强，投资者获得的收益也就越大。

全部资产现金回收率 = 自由现金流 ÷ 总资产。

伊利股份在 2013 年的全部资产现金回收率数据明显弱于光明乳业，其后几年伊利股份的全部资产现金回收率从不到 1% 上升到 2016 年的 24.38%，但 2017

年与 2018 年又开始下降。光明乳业 6 年间的全部资产现金回收率几乎没有任何长进。两家企业的全部资产现金回收率数据如表 5-9 和图 5-8 所示。

表 5-9　伊利股份与光明乳业全部资产现金回收率数据　金额单位：亿元

时间	伊利股份			光明乳业		
	自由现金流	总资产	全部资产现金回收率	自由现金流	总资产	全部资产现金回收率
2013 年	-7.85	328.77	-2.39%	2.65	115.68	2.29%
2014 年	14.37	394.94	3.64%	-13.79	130.22	-10.59%
2015 年	60.49	396.31	15.26%	-1.62	154.47	-1.05%
2016 年	95.74	392.62	24.38%	15.44	160.8	9.60%
2017 年	38.89	493	7.89%	5.51	169.12	3.26%
2018 年	32.51	476.06	6.83%	-2.81	179.34	-1.57%

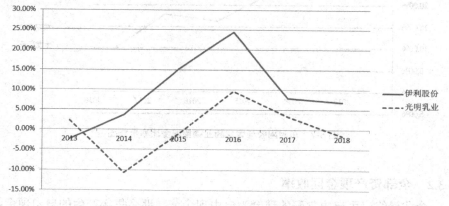

图 5-8　伊利股份与光明乳业全部资产现金回收率折线图

本章逻辑链

1. 营运能力首先考查的是周转能力，包括总资产、流动资产、固定资产、应收账款和存货的周转率。但周转率并不是越高越好，因为企业的战略定位各有不同。具有产品差异化优势的企业，周转率自然较低，它们靠净利润率来弥补周转率。具有成本领导优势的企业，周转率非常高，其代价是净利润率很低。

2. 营运能力最终考查的还是现金情况，所以要先了解现金流量表，表内最重要的两项是经营活动产生的现金流量净额和投资活动产生的现金流量净额。两者相加为当期自由现金流，自由现金流是企业当期可以自由支配的所有现金。同时产生的每股经营现金流用于考查企业在主营业务活动中能产生多少现金。

3. 利润表为权责发生制，现金流量表为收付实现制。两种制度互相弥补各自的不足，所以我们不能只看利润表，还要有现金流量表作为补充。现金流量表可以查看盈利的含金量，利润表反映的是名义盈利，而现金流量表反映的才是实质盈利。

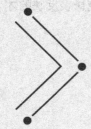

第6章

杜邦分析

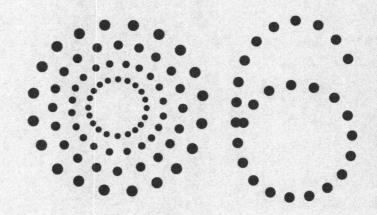

兵者，诡道也。故能而示之不能，用而示之不用，近而示之远，远而示之近。利而诱之，乱而取之，实而备之，强而避之，怒而挠之，卑而骄之，佚而劳之，亲而离之，攻其无备，出其不意。此兵家之胜，不可先传也。——《孙子兵法·计篇》

6.1　杜邦分析的内核

价值投资的理念前面已经讲得差不多了，可概括为 4 个字——物有所值。买入很简单，那卖出又怎么操作呢，当股票的长期市盈率在 15 倍以上时，你可以择机卖出。但还有另一种情况，如果我现在看好这家企业，但在它还未达到卖出条件的时候，它的经营就出现了问题该怎么办？当然是及时卖出，趁着船没沉，赶紧走。可衍生的问题又来了，我怎么知道它经营得不好了？

这个问题就有些难了，虽然可以看每股收益，但每股收益是综合而成的，它里面或多或少要进行一些会计处理，或者包含一些我们认为不是经常性的收益，还需要将它剔除。这就需要查阅大量的数据，分析起来很可能没有头绪。

到底要看什么数据才能知道一家企业到底经营得怎么样？或者说，到底怎么才能知道，企业的经营状况变好了，又好在什么地方？企业的经营状况变坏了，又坏在什么地方？这就需要一种技能，叫作顺藤摸瓜。

顺藤摸瓜就需要用到我们这章要讲的杜邦分析，它的内核就是一个公式：

净资产收益率 = 销售净利率 × 总资产周转率 × 权益乘数。

6.1.1　顺藤摸瓜

销售净利率 = 净利润 ÷ 营业收入。这个公式看起来很像毛利率的公式。毛利率怎么算的？毛利率 =（营业收入 − 营业成本）÷ 营业收入。分母是一样的，分子略有一点差异。用毛利率的分子——营业收入减去营业成本，先减去费用、资产减值、税费，再加其他的一些小项，就是净利润了。也就是说，我们可以把毛利率近似地看成销售净利率。那问题来了，毛利率也好，销售净利率也好，考查的是企业的什么方面呢？盈利能力！

总资产周转率 = 营业收入 ÷ 总资产，这个我们在前面讲过，这考查的是企业的营运能力。

权益乘数是什么？股东权益比率的倒数就是权益乘数。权益乘数代表着资产总额是净资产的多少倍。权益乘数反映了企业财务杠杆的大小，权益乘数越大，净资产的比重越小，财务杠杆就越大。权益乘数越大，说明企业偿债压力越大，所以这又考查了企业的偿债能力。

再看杜邦分析公式左边的项目——净资产收益率，它实际上等于净利润除以净资产，也就是股东投入的钱每年能赚多少，这是我们最关心的。

那么整个等式就是用我们最关心的一个数据，来考查企业的盈利能力、营运能力和偿债能力。一个等式几乎考查了我们在乎的全部信息，所以这个等式就是杜邦分析的精髓。在这个等式中，哪个数据对净资产收益率的贡献大，哪个数据贡献小，一目了然。如果净资产收益率降低了，也可以直接找出到底是盈利能力出了问题，还是营运能力出了问题，或者是偿债能力出了问题，这就是顺藤摸瓜。

对于杜邦分析的内核有必要再来梳理一遍。

净资产收益率 = 销售净利率 × 总资产周转率 × 权益乘数。

其中，销售净利率体现盈利能力，总资产周转率体现运营能力，权益乘数体现偿债能力。

6.1.2　伊利股份

根据杜邦分析的公式，我们必须获得 4 个基本数据，即净利润、营业收入、总资产、净资产。2018 年年报显示，伊利股份的净利润为 64.4 亿元、营业收入为 795.53 亿元、总资产为 476.06 亿元、净资产为 280.37 亿元。将这些数据代入杜邦分析公式。

净资产收益率

＝销售净利率 × 总资产周转率 × 权益乘数

＝（净利润 ÷ 营业收入）×（营业收入 ÷ 总资产）×（总资产 ÷ 净资产）

＝（64.4 ÷ 795.53）×（795.53 ÷ 476.06）×（476.06 ÷ 280.37）

≈ 8.1% × 167.11% × 1.7

≈ 23.01%。

如果只看这一年的数据，除非某项指标出现极端情况，才能发现问题。而像伊利股份这样不论哪项指标都比较好的企业，是很难发现问题的，所以我们还需要对比一下 2017 年的数据。

2017 年年报显示，伊利股份的净利润为 60.01 亿元、营业收入为 680.58 亿元、总资产为 493 亿元、净资产为 252.4 亿元。将这些数据代入杜邦分析公式。

净资产收益率

＝销售净利率 × 总资产周转率 × 权益乘数

＝（净利润 ÷ 营业收入）×（营业收入 ÷ 总资产）×（总资产 ÷ 净资产）

＝（60.01 ÷ 680.58）×（680.58 ÷ 493）×（493 ÷ 252.4）

≈ 8.82% × 138.05% × 1.95

≈ 23.74%。

伊利股份的销售净利率由 8.82% 下降至 8.1%，总资产周转率由 138.05% 上涨至 167.11%，权益乘数由 1.95 下跌至 1.7。其中权益乘数越小，说明净资产在总资产中的占比越大，杠杆越小，风险越小。2017 ~ 2018 年，从杜邦分析公式中可以看出，伊利股份的销售净利率基本提高，总资产周转率增加，偿债风险降低。

杜邦分析最主要的特色是可以顺藤摸瓜，如果某一年度的净资产收益率变低了，我们就可以顺着找到其降低的原因。

如果销售净利率变低了，应从利润表中寻找问题，看是营业收入变低了，还是营业成本变高了，是费用变高了，还是资产减值损失变多了。

如果总资产周转率变低了，应从利润表和资产负债表中寻找问题，看是营业收入变低了，还是总资产出现了变化。

如果权益乘数变大了，应从资产负债表中寻找问题。

总之，解读连续几年的杜邦分析数据，可以看出企业盈利的核心驱动力是什么、经营拐点出现在哪一年、是什么原因导致了拐点的出现、是长期原因还是短期原因等。

利润表与资产负债表中的任何一项，最终都可以在杜邦分析的最大程度展开式中找到对应的位置，杜邦分析是针对性非常强的解决问题的工具。

6.2　3 种不同侧重

杜邦分析中的 3 个因子，分别描述的是企业盈利能力、营运能力和偿债能力，而偿债能力也可以从另一个角度理解为融资能力。处于不同行业的企业，在经营中会有不同的侧重，有些企业靠高利润率，有些企业靠高周转率，有些企业靠高杠杆。

6.2.1　高利润率

2018 年年报显示，贵州茅台的净利润为 352.04 亿元、营业收入为 771.99 亿元、总资产为 1 598.47 亿元、净资产为 1 174.08 亿元。将这些数据代入杜邦分析公式。

净资产收益率

= 销售净利率 × 总资产周转率 × 权益乘数

=（净利润 ÷ 营业收入）×（营业收入 ÷ 总资产）×（总资产 ÷ 净资产）

=（352.04 ÷ 771.99）×（771.99 ÷ 1 598.47）×（1 598.47 ÷ 1 174.08）

≈ 45.6% × 48.3% × 1.36

≈ 29.95%。

贵州茅台的销售净利率高达 45.6%，因为它的毛利率高达 91.14%。我们在讲盈利能力时说过，毛利率高的企业，并不以走量为战略定位，所以它的周转率通常非常低，贵州茅台的总资产周转率只有 48.3%，大约需要 2 年才能完成一次周转。它的权益乘数只有 1.36，说明负债占比非常低，资产负债率只有 26.55%，偿债能力非常强，几乎无偿债方面的风险，也可以说贵州茅台很少利用杠杆，几乎靠全资经营。对于酒类企业来说，销售的市场占有率几乎是固定不变的，所以也几乎

不需要利用杠杆。

2017 年年报显示，贵州茅台的净利润为 270.79 亿元、营业收入为 610.63 亿元、总资产为 1 346.1 亿元、净资产为 960.2 亿元。将这些数据代入杜邦分析公式。

净资产收益率

= 销售净利率 × 总资产周转率 × 权益乘数

= （净利润 ÷ 营业收入）×（营业收入 ÷ 总资产）×（总资产 ÷ 净资产）

= （270.79 ÷ 610.63）×（610.63 ÷ 1 346.1）×（1 346.1 ÷ 960.2）

≈ 44.35% × 45.36% × 1.4

≈ 28.16%。

贵州茅台 2018 年的销售净利率上涨了 1 个百分点以上，总资产周转率上涨了近 3 个百分点，同时权益乘数在下降。即贵州茅台在降低了偿债风险的情况下，既提高了产品利润率，也提高了周转效率。所以贵州茅台 2018 年的经营情况明显比 2017 年更好。

6.2.2 高周转率

重庆百货（600729）属于零售业的渠道销售商，我们在讲盈利能力时说过，零售业的毛利率越低，核心竞争力越强，这类企业比的是周转率。

2018 年年报显示，重庆百货的净利润为 8.31 亿元、营业收入为 340.84 亿元、总资产为 141.16 亿元、净资产为 57.21 亿元。将这些数据代入杜邦分析公式。

净资产收益率

= 销售净利率 × 总资产周转率 × 权益乘数

= （净利润 ÷ 营业收入）×（营业收入 ÷ 总资产）×（总资产 ÷ 净资产）

= （8.31 ÷ 340.84）×（340.84 ÷ 141.16）×（141.16 ÷ 57.21）

≈ 2.44% × 241.46% × 2.47

≈ 14.55%。

重庆百货的销售净利率只有 2.44%，非常低，但这是零售业的正常现象。2018 年其毛利率为 18.42%，低于零售业平均水平。最让人眼前一亮的是其总资产周转率，高达 241.46%，大约 151 天总资产就会周转一次。

2017 年年报显示，重庆百货的净利润为 6.05 亿元、营业收入为 329.15 亿元、总资产为 132.44 亿元、净资产为 51.48 亿元。将这些数据代入杜邦分析公式。

净资产收益率

= 销售净利率 × 总资产周转率 × 权益乘数

=（净利润 ÷ 营业收入）×（营业收入 ÷ 总资产）×（总资产 ÷ 净资产）

=（6.05 ÷ 329.15）×（329.15 ÷ 132.44）×（132.44 ÷ 51.48）

≈ 1.84% × 248.53% × 2.57

≈ 11.75%。

重庆百货保持一贯的低利润率、高周转率的战略路线，其 2018 年的销售净利率比 2017 年仅高了一点点，需要注意的是其总资产周转率下降了较多。同时权益乘数下降，使偿债风险相应下降。在此基础上，净资产收益率还在上涨，说明重庆百货的战略定位恰当，周转放缓促进了盈利能力的提升。

6.2.3　高杠杆

2018 年年报显示，紫光学大（000526）的净利润为 0.13 亿元、营业收入为 28.93 亿元、总资产为 36.52 亿元、净资产为 0.76 亿元。将这些数据代入杜邦分析公式。

净资产收益率

= 销售净利率 × 总资产周转率 × 权益乘数

=（净利润 ÷ 营业收入）×（营业收入 ÷ 总资产）×（总资产 ÷ 净资产）

=（0.13 ÷ 28.93）×（28.93 ÷ 36.52）×（36.52 ÷ 0.76）

≈ 0.45% × 79.22% × 48.05

≈ 17.13%。

紫光学大的主营业务是教育培训服务。它的销售净利率只有 0.45%，毛利率为 27.27%，总资产周转率也只有 79.22%，大约要 461 天才能流转一次，这表明它是一个不太注重以量取胜的企业。两方面的数据都不太好，为什么它的净资产收益率能达到 17.13% 呢？

2018 年紫光学大的资产负债率达到 97.92%，100 元的资产中，只有 2.08 元是企业的，杠杆高达 47.08 倍。所以只要赚一点钱，扣除利息后，即使只有少量的净资产，其收益率都会通过杠杆放大很多倍。

2017 年年报显示，紫光学大的净利润为 0.24 亿元、营业收入为 28.12 亿元、总资产为 35.85 亿元、净资产为 0.66 亿元。将这些数据代入杜邦分析公式。

净资产收益率

= 销售净利率 × 总资产周转率 × 权益乘数

=（净利润 ÷ 营业收入）×（营业收入 ÷ 总资产）×（总资产 ÷ 净资产）

=（0.24 ÷ 28.12）×（28.12 ÷ 35.85）×（35.85 ÷ 0.66）

≈ 0.85% × 78.44% × 54.32

≈ 36.22%。

2018 年与 2017 年相比，紫光学大的销售净利率下降。教育服务应该是高回报率产业，但紫光学大的利润率如此之低，并且总资产周转率几乎没变，可能是定位出现了问题。权益乘数虽然由 54 倍以上下降至 48 倍左右，但总体来说，还是太高了。

这种企业在经营上没有核心竞争力，既无高附加值，又无渠道销售商的低价走量优势，只能靠着高杠杆来增加净资产收益率。虽然净资产收益率很高，但风险也非常大。稍有风吹草动，面对如此大规模的负债，仅有的一点净资产根本无法抵御风险。

这里没有贬低高杠杆经营模式的意思，如果我们去看伯克希尔 - 哈撒韦的财务报表，会发现巴菲特也在用杠杆策略。一家企业如果不具备高利润的产品，也不具备高营运能力，那么它通常就要使用高杠杆策略。高杠杆是一把"双刃剑"，如果用得好，就能"借鸡生蛋"，如果用得不好，就可能会"鸡飞蛋打"。我只是提醒投资者，遇到高杠杆模式的企业，介入时一定要慎重。

6.3　净资产收益率是怎么变低的？

大庆华科（000985）的主营业务为精细石油化工产品、药品和保健品的生产及销售。2017 年年报显示，大庆华科的净利润为 0.48 亿元、营业收入为 15.3 亿元、总资产为 7.01 亿元、净资产为 5.54 亿元。将这些数据代入杜邦分析公式。

净资产收益率

= 销售净利率 × 总资产周转率 × 权益乘数

=（净利润 ÷ 营业收入）×（营业收入 ÷ 总资产）×（总资产 ÷ 净资产）

=（0.48 ÷ 15.3）×（15.3 ÷ 7.01）×（7.01 ÷ 5.54）

≈ 3.14% × 218.26% × 1.27

≈ 8.7%。

大庆华科的销售净利率与杠杆比率都很低，它的净资产收益率的主要驱动因素是总资产周转率，定位是薄利多销。

2018 年年报显示，大庆华科的净利润为 −0.03 亿元、营业收入为 16.9 亿元、总资产为 6.93 亿元、净资产为 5.26 亿元。将这些数据代入杜邦分析公式。

净资产收益率

= 销售净利率 × 总资产周转率 × 权益乘数

= （净利润 ÷ 营业收入）× （营业收入 ÷ 总资产）× （总资产 ÷ 净资产）

= （−0.03 ÷ 16.9）×（16.9 ÷ 6.93）×（6.93 ÷ 5.26）

≈ −0.18% × 243.87% × 1.32

≈ −0.58%。

大庆华科的净资产收益率由 2017 年的正值 8.7%，断崖式下跌至 2018 年的 −0.58%。这其中经历了什么？

首先看销售净利率中的净利润和营业收入，大庆华科的净利润由 2017 年的盈利 0.48 亿元到 2018 年的亏损 0.03 亿元，营业收入由 15.3 亿元上升至 16.9 亿元。营业收入在上升，但净利润下降，应从成本与三大费用入手寻找问题。

大庆华科的毛利率由 2017 年的 10.17% 下降至 2018 年的 5.91%，表示 2018 年的成本比 2017 年更高；而销售费用、管理费用和财务费用基本没有发生变化，投资收益和资产减值损失也没有大变动。所以 2018 年的亏损，主要原因是在其他费用没有发生变化的情况下，成本却快速增加。

我们虽然说过，行业定位使得有些行业的毛利率越高越好，有些行业的毛利率越低越好，但毛利率低的企业的缺点就是容错率非常低。因为利润空间已经被压得很低了，只要外部环境发生一点变化，导致成本或费用增加，就会使本来极小的利润空间变得更小，成本、费用波动再大一些，就很容易出现亏损。

反而是高毛利率行业的企业，利润空间很大，可以容忍成本、费用的大幅增加，而不至于使企业陷入亏损的境地，容错率更高。

本章逻辑链

1. 各种财务指标过于分散，有什么办法可以有效地将它们结合起来吗？并且无论指标范围大小，大到净资产收益率，小到流动比率，都可以有机结合起来呢？

2. 杜邦分析可以达到这个目的，其核心公式分为三大因子，分别考查我们非常关心的盈利能力、营运能力和偿债能力。而三大因子还可以继续拆分成各种小项目，使财务报表的数据更直观、更清晰。

3. 杜邦分析可以让我们顺藤摸瓜，如果净资产收益率上升，我们可以找到促使它上涨的原因；同样，若净资产收益率下降，我们也可以找到使其下降的原因，并具体到每一个节点。这是杜邦分析的优点。

4. 但杜邦分析只能考查每一个年度或每一个报告期的数据，所以我们还要看它的长期平均数据，切不可只用1年或1个报告期的数据来进行决策。

5. 企业的核心竞争力主要是产品差异化优势（高利润率）或成本领导优势（高周转率）。使用杠杆提高净资产收益率是一把双刃剑。如果全资经营，自有资金撬动的总资金比较少，资金的利用效率就比较低。但杠杆使用过度，又会使风险变得非常大。因此使用杠杆一定要慎之又慎。

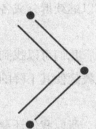

第 7 章

用《聪明的投资者》武装自己

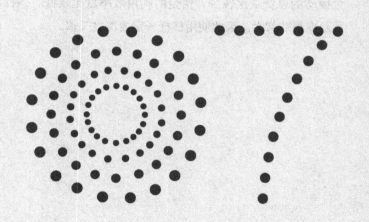

一曰道，二曰天，三曰地，四曰将，五曰法。道者，令民与上同意也，故可以与之死，可以与之生，而不畏危。天者，阴阳、寒暑、时制也。地者，远近、险易、广狭、死生也。将者，智、信、仁、勇、严也。法者，曲制、官道、主用也。凡此五者，将莫不闻，知之者胜，不知者不胜。故校之以计而索其情，曰：主孰有道？将孰有能？天地孰得？法令孰行？兵众孰强？士卒孰练？赏罚孰明？吾以此知胜负矣。——《孙子兵法·计篇》

7.1 谁是真正的投资者？

格雷厄姆在《聪明的投资者》中将投资者细分为两种，一种为防御型投资者，另一种为激进型投资者。什么是防御型投资者，在他列出的 3 点中，确保资金安全为重中之重。赚不赚钱是次要的，不亏损本金才是防御型投资者所首先要求的。同时这类投资者的主要精力并没有放在打理资金上，所以他们也不会要求更多额外的收益。想要回报，就总得有付出，不是吗？既然付出得少，那么渴求得也就相对较少，这符合格雷厄姆所定义的"适当的回报"。

7.1.1 防御型投资者

防御型投资者一般将资金分为两部分，一部分投入无风险有价证券中，也就是债券（国债），另一部分投入股票中。之前也说过，这两部分的投入比例最好在 25：75 至 75：25 浮动，关键的问题在于什么时候更改这一比例。

是不是股票价格在高位的时候增加股票投资的比例，股票价格在低位时增加国债的比例？其实恰好相反，当股票价格低到有足够吸引力的时候，适宜将股票占比提升至75%；当股票价格过高，已经显示了很大风险的时候，适宜将股票占比降低至25%。

那么衍生问题又来了。第一，怎样判断股票价格已经低到有足够的吸引力？第二，当时机来临时，购买什么样的股票？第一个问题是技术分析问题，这涉及我们后文将要阐述的一系列方法论。第二个问题格雷厄姆给出了明确的答案，即"只应购买那些长期具有盈利记录和强有力的财务状况的重要公司的股票"。长期的盈利记录很好理解，至于怎样才算强有力的财务状况，属后文论述的范畴。

防御型投资者的收益主要来自3个部分，分别为债券利息、股息和股票自身的增值。一般情况下，债券的利息是每年都会有的。如果我们购买那些有派息记录的股票，几乎每年都有股息收入。当然在我国股票市场的整体态势影响下，股息可能比较少。股票自身的增值，不是以月为单位计算的，甚至不是以年为单位计算的，而是一个长期的过程。

我们以建设银行（601939）为例来计算一下，如果不计算股票本身价格变化的话，这些收益分别会有多少。假设债券和股票的比例是50：50。债券利率、股息率、总收益率如表7-1所示。

表7-1 建设银行债券利率、股息率和总收益率数据

时间	债券利率	股息率	总收益率
2013 年	5.41%	7.25%	6.33%
2014 年	5.41%	4.47%	4.94%
2015 年	5.41%	4.74%	5.08%
2016 年	4.17%	5.11%	4.64%
2017 年	4.17%	3.79%	3.98%
2018 年	4.27%	4.8%	4.54%

若在2013年年初买入建设银行的股票，到2018年12月，股票本身增值（除权后）37.28%。每年平均有6.54%的复利增幅。按一半资金持有股票的设定，股本增值率为3.27%。将这一数据加入总收益率，平均每年可获得8.19%的收益，比单纯投资债券更为有利。

8.19%的收益率看来可能不太高，但其实对于防御型投资者来说，已经非常不错了。如果不打理这些资金，全部投资国债，每年的收益率只能低于分别投资的收益率。为什么说这样的收益率已经不错了呢？原因有以下几点。

首先，如果你能持续几十年都有 8.19% 的收益率是非常不错的，巴菲特平均也只有 20% 多的收益率。并且全世界只有一个巴菲特，而你能达到他的收益率的 1/3，这至少是良性的。

其次，防御型投资者在资金管理的问题上，几乎不用耗费太多精力，只要选准几只股票，一次性或定期买入即可。而那些几乎每天坐在屏幕前看盘的人，在牛熊转换的市场中，每年还未必有 8.19% 的收益率，更多的是被长期套牢。虽然他们在牛市中获得了骄人的成绩，但那是水涨船高的结果，在大牛市普涨的环境下，投资者基本都能赚钱。关键是要有长期、稳定的收益，在熊市中也能有这样的收入，不是更厉害吗？

最后，我们选的是在银行中股息率比较高的建设银行，它的价格波动本身就较小。如果我们换成另外一种适合防御型投资者投资的股票，可能它的股息率会偏低，但它的价格波动会比较大。那么股票增值这部分的收益，会大大高于 8.19%。

7.1.2　激进型投资者

激进型投资者耗费的精力要比防御型投资者大得多，因为他们渴求的是更高的利润。格雷厄姆表示，大多数交易者用以下 3 种方法进行交易，但他认为这 3 种方法都不能获得长期而稳定的收益，所以对这 3 种方法进行了驳斥。

一是市场交易，指在股价上升时买入股票，在其掉头向下时抛出。他们选择的大多是那些"表现"优于市场平均水平的股票。

二是短线择股，指买入那些已经报告或预计将报告业绩增长，或者有其他利好消息的企业的股票。

三是长线择股，指看重企业过去拥有的良好成长记录，而且这种成长很可能会延续到未来。

第一种方法其实直指技术分析，技术分析宣称可以判断价格走势，从而在上涨趋势来临之时买入，在下跌趋势来临之时卖出。技术分析并不关心股票背后所代表的企业，只是看重价格，其三大假设之一就是价格包容一切，一切问题都反映在价格上，对背后的企业没有进行深入分析。所以第一种方法不是投资，而是一种追随价格的交易技巧，属于投机。《聪明的投资者》的第 1 章内容就是定义什么是投资者，如果不符合前文所述的 3 种条件的，都是投机。

第二种方法其实就是炒消息，"买消息卖事实"。当你知道了这个消息的时候，其他人可能也知道了这个消息，那么这种消息也就没有多少价值。

第三种方法中，长期事件是最难预测的，明天的事你都预测不了，明年的事情你能预测得了吗？从会计制度来说，为什么短期贷款的利率会低于长期贷款的利率呢？我小的时候不明白其中的道理，以为就像卖菜一样，500 克卖 5 元，而 1 千克只卖 9 元，买得越多单价就越便宜。那么贷款业务应该也是一样的吧，你一次性贷款很多年，我这些年才省心了啊，利率应该更低一些才对。

其实这种想法是错误的，贷款和卖菜还真不一样。卖菜时，如果你买得少，后面的菜我能不能卖出去还不确定，所以我要卖得贵一点，这是对未来不确定性的恐惧感。如果你买得多，未来的不确定性对我的影响就会小一点，所以我卖给你就便宜一点。贷款恰恰相反，短期贷款要在短期内偿还，未来的不确定性相对要小一些，所以利率低；长期贷款要在很长一段时间后才偿还，时间长了就无法预测未来会发生什么，不确定性更高，所以利率要高一些。

所以长线择股本身就是个悖论，不确定性太高，没有可操作性。

以上 3 种方法都是投资者常用的方法，可用这些方法在股市中赚到钱的人非常少。如果是这样的话，岂不是没有办法在股市中赚到钱了，那些能赚到钱的人几乎都是靠运气的吗？到底有没有一种方法是为交易而生的呢？格雷厄姆认为有，不过要满足两个条件。

条件一：具有内在稳健性和成功希望的策略。这听起来太笼统了，再说具体一点，其实这就是数学期望值大于零的策略。举个例子，我们玩一个游戏，这个游戏可以无限循环地玩下去，盈亏比是 1：1，那么你的胜率必须高于 50% 才有希望赢。如果盈亏比是 2：1，那么你只需要约 33% 以上的胜率就可以了。如果盈亏比是 2：1，赢一局赢 2，输一局输 1，但胜率只有 10%，即每 10 局才可能赢 1 局。那么平均每 10 局下来输 9 局，输 9；赢 1 局，赢 2。即平均每 10 局亏损 7。如果是这种情况，就没有稳健性了，也没有成功的希望了，那么这种方法就不能够获得成功。总的来说，盈亏比乘以胜率要大于 1 才能保持成功。

条件二：不流行的策略。也就是知道这种策略的人越少越好，或者说，使用这种策略的人越少越好。这也是我前面说过的，如果谁都知道了这个消息，那这个消息就没有多少价值了。

那么只要有了数学期望值大于 0 的策略，并且这种策略是一种鲜为人知的策略，你就有可能成功。

价格围绕价值上下波动，虽然新古典经济学中已经抛弃了"价值"这一说法，但索罗斯说经济学并不是一门科学（见于《金融炼金术》）经济学更像是一种看待世界的方法，并不能证伪，而不能证伪的学问，一般都不是科学。所以很多学者还在继续使用"价值"这一说法。

价格可能远远高于价值，也可能远远低于价值。那么股票价格就存在着被高估和被低估的可能性。那股票为什么会被低估，又为什么会被高估？

7.1.3 市场先生

格雷厄姆反复说，股市从短期来看是投票机。股票的价格短期看是由一群行事偏激的人来主导的，也就是所谓的"市场先生"。举个例子，你在一个小区开了一家小超市，价值是 5 万元左右，那么它的理论价格应该也是 5 万元左右。

旁边新开了一家麻将馆，根据其顾客的消费习惯，你的小超市中的面包、方便面、饮料的出售量就会增加。这时，有人会说，你的超市以后会赚很多钱啊，怎么也得值 7 万元。这是他的看法。

可是暑假到了，那些天天来玩的人要回家带孩子，没有时间每天都来玩了，那你的生意可能会受到一些影响。这时，那个人又会说，你的超市现在生意不景气啊，也就值 3 万元吧。这还是他的看法。

在短短两三个月的时间里，他对你超市的估值就有如此大的落差。这是为什么？因为他只看到了短期的波动，而没有看到长期的趋势。长远来看，三五年内，如果你还在经营这家超市，一年中总有孩子上学和孩子放假，你的超市的价值真会发生什么巨大的变化吗？

我们换位思考一下，如果是他在经营这家超市，当他说："完了，孩子们放假了，我的超市营业额变少了，开不下去了，价值 5 万元的资产，3 万元出售"你买不买？如果我了解这些情况我就买。等到孩子们开学了，客流量又变大了，他会说："哎呀，没想到超市生意这么好，价值 5 万元的资产，我 7 万元买了。"你卖不卖？当然卖给他。

你可能会觉得这个人不太明智。但正因为他不太明智，他不停地高估或低估你的小超市的价值，你就可以利用他的判断失误来赚钱。巴菲特说："能否获得优异的投资成果，这既取决于你在投资方面付出的努力和拥有的知识，也取决于在你的投资生涯中，股市的愚蠢程度有多大。股市的行为越愚蠢，有条不紊的投资者面对的机会就越大。"

所以作为一名激进型投资者，要做的就是付出长期的耐心和等待，等待这个"市场先生"的行为变得非常"愚蠢"的时候再动手，即在价值被低估时买入，高估时卖出。

那么作为一名防御型投资者，应该怎样分配资金，在什么时机买入，买入什么样的股票？或者作为一名激进型投资者，应该怎样判断市场是否愚蠢，如何判断现在的价值是被高估还是低估？

7.2　两个篮子

两个篮子指的是股票和债券，既然我们可以通过价值投资来获取稳定的股票收益，为什么还要搭配债券呢？放在一个篮子里岂不是更好吗？

7.2.1　通货膨胀时不要向外借钱

按照格雷厄姆的意思，任何时候都应该将资金分为两部分：一部分进行债券投资，另一部分进行股票投资。并且两者的比例在 25∶75 至 75∶25 浮动。请注意，他说的是"任何时候"。

我们购买债券相当于把钱借给别人，收取利息。利息收入是固定的，或者可以狭义地理解为"无风险收益"。不论外在（股市）怎么波动，到期了，债务人就得按约定利率将资金连本带息一起还给债权人，可谓旱涝保收。

但在通货膨胀的条件下，购买力越来越弱，也就是钱越来越不值钱的时候，把钱借给别人可不是一种明智之举。例如，我现在借给你 10 000 元，约定好明年你连本带息还给我 10 500 元，即 5% 的利息。可是今年的通货膨胀率却达到 6%。今年过后，我收到 10 500 元，实际上购买力却减少了 100 元。相当于我虽然收了你 5% 的利息，1 年后我还是亏损了 100 元。

那通货膨胀是如何产生的呢？来自增发现金。如果整个社会只有 10 000 元的资金，相对应的是 10 000 元的房产，那么房价就是 10 000 元。但是政府增发了现金，多发了 600 元。现金多了，但资产没有增加，所以原来 10 000 元的房产就要涨价了。多少资产对应多少现金，那么房价上涨到 10 600 元。此时，通货膨胀率为 6%，物价也同样上涨 6%。

如果换一下身份呢？在通货膨胀的情况下，我们不再向外借钱，而是向别人借钱。我们向张先生借款 10 000 元，约定利率为 5%，然后我们拿着这 10 000 元去购买资产。1 年后，通货膨胀率为 6%，随着通货膨胀，物价同样上涨 6%。1 年后我们将手中资产卖出，共得 10 600 元。连本带利还给张先生 10 500 元，最后我们还赚了 100 元。

7.2.2　购买资产应对通货膨胀

如何应对通货膨胀？购买资产。所以大家为什么那么热衷于参与房地产市场？也许是为了保住手中资金的价值。如果你了解经济学的话，就应该知道，经济学里讲的利润是经济利润，经济利润包含了机会成本。资本只流向机会成本最大的一方。例如，我们做 A 工作，每月可以赚 4 000 元；做 B 工作，每月可以赚 5 000 元。如果其他条件不变，你肯定会放弃 A 工作，选择 B 工作，经济利润为 0 元。如果你放弃 B 工作而选择 A 工作，经济利润为 -1 000 元。A 工作的机会成本为 4 000 元，B 工作的机会成本为 5 000 元。所以理性的选择就是选择机会成本最大的。

那么多资金选择流向房地产行业，也说明了在保值的战斗中，房地产的保值性比较好。按照这个逻辑就可以推出，通货膨胀率基本等于房价上涨的速率。

再抽象提取一下，如果现在的环境正在通货膨胀，或者存在着非常强烈的通货膨胀预期，较好的方法不是存款（向外借出），而是投资（向内借入）。

7.2.3　对比 CPI 与股票指数

但上面的结论就与格雷厄姆所说的内容相悖了。他的原话是：“我们的读者必须具有足够的智慧认识到，即使是优质的股票，也不可能在任何条件下都优于债券。我们不能认为，无论股市已经涨到多高，股息收益比债券利率低多少，优质股票都是比债券更好的投资。相反的论断（任何债券都比股票安全，就像我们前几年经常听到的那样），同样是错误的。”（见于《聪明的投资者》第 4 版，第 29 至 30 页。）

简单来说就是，你们得清楚地知道，即使在通货膨胀的情况下，哪怕是优质股票也不一定都比债券好；相反，也不能说债券永远都比股票好。两者同等重要，只是要根据某时某地的具体情况，让投资比例在 25∶75 至 75∶25 浮动。

可是按我们的常识来推断，在通货膨胀的情况下，债券的投资比例应该降到零，应该把所有可用资金都进行投资，如果不能投入实体项目中，那就直接买股票。那么到底是我们错了，还是格雷厄姆错了？我们就找出实际数据来对比一下，通过对数据的分析，看看问题到底出在哪里。

由于我无法找到关于我国历年通货膨胀率的数据，只能用 CPI（居民消费价格指数）数据来代替。用 CPI 来代替可不可以呢？我在经济学家王福重先生的《人人都爱经济学》中找到了这样一句话："表示通货膨胀最主要的标志是 CPI。"（见于该书第 2 版第 187 页。）表 7-2 与图 7-1 所示为 1979 ～ 2018 年的 CPI 与上证综指数据及折线图。

表 7-2　1979 ～ 2018 年 CPI 与上证综指数据

时间	CPI	上证综指
1979 年	100	—
1980 年	107.5	—
1981 年	110.2	—
1982 年	112.4	—
1983 年	114.6	—
1984 年	117.7	—
1985 年	128.7	—
1986 年	137.0	—
1987 年	147.1	—
1988 年	174.7	—
1989 年	206.1	—
1990 年	212.5	—
1991 年	219.8	—
1992 年	233.8	780.4
1993 年	268.2	833.8
1994 年	332.8	647.9
1995 年	389.7	555.3
1996 年	422.1	917.0
1997 年	433.9	1 194.1
1998 年	430.4	1 146.7
1999 年	424.4	1 366.6
2000 年	426.1	2 073.5
2001 年	429.1	1 646.0
2002 年	425.7	1 357.7

续表

时间	CPI	上证综指
2003 年	430.8	1 497.0
2004 年	447.6	1 266.5
2005 年	455.6	1 161.1
2006 年	462.5	2 675.5
2007 年	484.7	5 261.6
2008 年	513.3	1 820.8
2009 年	509.7	3 277.1
2010 年	526.5	2 808.1
2011 年	554.9	2 199.4
2012 年	569.3	2 269.1
2013 年	584.1	2 116.0
2014 年	595.8	3 234.7
2015 年	604.2	3 539.2
2016 年	616.3	3 103.6
2017 年	626.1	3 307.2
2018 年	639.3	2 493.9

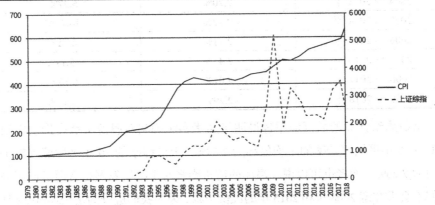

图 7-1　CPI 与上证综指对比折线图

　　左侧坐标轴为 CPI 坐标，右侧坐标轴为上证综指坐标。因为 1990 年以前还没有上证综指，所以我按照 1990 ~ 2018 年的数据计算，通货膨胀率年平均增长率为 4.7%。上证综指年平均增长率为 10.79%。股票指数的平均增长率竟然比通货膨胀率高 4 倍以上。

　　但这样计算多少有失公允，因为几乎任何一个国家，从刚刚建立股市时，都会经历一波大涨。或者说，上涨是必然的，何况我国这 40 年内发展的速度非常快。所以公平起见，我以 10 年为期，将每个 10 年的平均增长率都计算出来，如表 7-3 所示。

表 7-3　10 年一期 CPI 与上证综指增长率数据

时间	CPI 增长率	上证综指增长率
1990～1999 年	7.16%	26.74%
1991～2000 年	6.85%	21.62%
1992～2001 年	6.26%	7.75%
1993～2002 年	4.73%	5.00%
1994～2003 年	2.61%	8.74%
1995～2004 年	1.39%	8.59%
1996～2005 年	0.77%	2.39%
1997～2006 年	0.64%	8.40%
1998～2007 年	1.19%	16.46%
1999～2008 年	1.92%	2.91%
2000～2009 年	1.81%	4.68%
2001～2010 年	2.07%	5.49%
2002～2011 年	2.69%	4.94%
2003～2012 年	2.83%	4.25%
2004～2013 年	2.70%	5.27%
2005～2014 年	2.72%	10.79%
2006～2015 年	2.71%	2.84%
2007～2016 年	2.43%	-5.14%
2008～2017 年	2.01%	6.15%
2009～2018 年	2.29%	-2.69%

　　这份重新计算的数据似乎也说明了通货膨胀确实对股价上涨有推动作用。CPI 的 10 年平均增长率的平均值约为 2.89%，上证综指的 10 年平均速率的平均值约为 7.26%。或者也可以说，温和的通货膨胀对于经济发展是有促进作用的。我们不会太在意 2008 年和 2015 年的股价下跌，因为我们进行的是长期价值投资，从长远来看，我们手中的现金会保值，并且还有所收益。那么我们是不是应该在预期长期温和通胀的情况下，完全地放弃债券投资，全部投入股市呢？

7.2.4　对比股票指数与债券收益

　　对于上面的问题，格雷厄姆也说："这些问题的答案有些复杂。"如果我们持有任何一种与股票价格指数走势大致相同的股票（如蓝筹股），那么股票价格的增长率与股息率之和会高于 CPI 的增长率。但这也仅仅说明了投资股票可以抵御通货膨胀，不足以说明股票优于债券。所以我们还需要拿债券的利率来进行对比。

如果以 10 年为一期投资股票，在有些年份，股票价格指数的增长率是低于债券利率的。2005 年，债券利率高出 10 年平均指数 1.42%；2008 年高出 3.43%；2011 年高出 1.21%；2012 年高出 1.07%；2013 年高出 0.14%；2015 年高出 2.48%。2016 年高出 10.04%；2018 年高出 6.96%。

7.2.5 两个篮子的重要性

当然这也并不能说明，债券就一定比股票好，就像不能说明股票就一定比债券好一样。但这至少能告诉我们，如果我们入市的节点把握得不好，赶上股价在高位时入市，即使你连续投入 10 年甚至更久，你的股票收益也几乎为负，赶不上债券的收益。相反，如果你赶上股价在低位时入市，不论你持有多长时间，股票的收益大概率会高于债券。

所以关键问题在于你并不知道你入市的时机是好还是坏。全凭运气吗？当然不是！而是要经过"深入的分析"，这是格雷厄姆在《聪明的投资者》的第 1 章给投资者下定义时说的一条。经过深入的分析后，投资者再选择将多少比例的资金分别放入债券和股票中，这个比例就是分析后的结果。也正因为我们不能保证每次深入分析都是对的，所以不能将全部资金放到债券或股票中去。这两者的比例要在 25：75 至 75：25 浮动，也就是不能放到同一个篮子中。

7.2.6 通货膨胀与企业盈利能力的关系

当"市场先生"对后势极为乐观的时候，他会开出远高于价值的价格，此时是卖出的机会；反之，当"市场先生"对后势极为悲观的时候，他会开出一个远低于价值的价格，此时是买入的机会。

既然不看重价格，那我们看重什么？看重企业的可持续发展，只要企业持续健康地发展，最终价格会回归价值，甚至高于价值。那么我们用债券的收益来对比股票价格指数已经没有意义了，真正应该对比的是企业的盈利能力。关于企业的盈利能力，格雷厄姆在此处给出的指标是资本收益率。

什么是资本收益率？资本收益率 ＝ 净利润 ÷ 实收资本（股本），也就是考查企业用资本获利的能力。格雷厄姆给出的数据显示，当市场处于通货膨胀时，企业的资本收益率反而下降。所以他给出了通货膨胀和企业盈利能力之间没有太大关系的结论。温和的通货膨胀虽然能带来经济的持续繁荣，但企业的盈利能力却未必能提高。这也是他的论据之一。所以即使是在通货膨胀持续发生的时期，投资者也不能将资金全部用于买入股票。

但实际上通货膨胀率与资本收益率的涨跌基本上是一致的。通货膨胀率越高，资本收益率也越高；通货膨胀率越低，资本收益率也越低。所以至少在我国，或者说在我国的过去几十年发展中，通货膨胀率和企业的盈利能力是有着相当大的关系的。

这并不是没有因果关系的数据类比，温和的通货膨胀对于企业发展乃至于经济繁荣的影响，在经济学中是有论述的。所以仅从这个论据来看，格雷厄姆的观点是站不住脚的。但某一论据的不确切，并不能推翻论点。

由于企业的资本收益率变动过大，在 2005 年时，仅有 5.54%，当年的债券收益率为 3.81%，相差 1.73 个百分点。虽然平均资本收益率高于债券收益率，但要注意，这是平均数据。我不知道选择什么样的投资组合才能够确保自己的资本收益率达到 5.54%。你可能会说，选择蓝筹股啊，它们不是和股票价格指数走势基本吻合吗？请注意，我们说的是企业对于资本的盈利能力，而不是股价。我们之所以讨论资本收益率，就是为了不看股价的波动。

虽然在持续通货膨胀的情况下，企业的盈利能力也能不断地提高，但波动过大，与债券的收益率相当接近。所以谨慎起见，在我们不确定自己的投资组合（各种股票）的盈利能力能达到平均水平时，还是应该选择将一部分，至少 25% 的资金投入债券。

我们非要在股票市场中才能让手中的资金保值吗？前文不是说，要投资这个市场中机会成本最大的项目吗？投资房地产不是更好吗？是很好，但是房地产的投资非常困难，如果是刚刚大学毕业、不靠父母资助、全靠自己打拼的年轻人，几乎是没有能力、经验投资房地产的。

此外，格雷厄姆也说："不幸的是，房地产的价格同样相当不稳定；买家在地理位置、支付价格等方面可能会犯下严重的错误；销售商的误导也可能使人失足；最后，对于资金不是太多的投资者来说，房地产投资很难实现分散化，除非与他人进行各种合伙投资——这会涉及一些筹款所带来的新的特殊麻烦（与股票所有权并无太大差别）。这也不是我们擅长的领域，我们只能对投资者提出以下忠告，在参与之前，首先要确定自己是熟悉这一领域的。"

这段几十年前的话，放到现在也同样适用。那么黄金呢？贵金属，特别是黄金，不正是许多人保值的不二之选吗？1979 年至 2016 年 11 月 18 日，黄金价格的年平均增长率为 2.35%，而通货膨胀率同期年平均增长约为 4.93%。通货膨胀率的年平均增长率比黄金价格的年平均增长率高 1 倍以上。所以如果你最近几十年间选择将黄金作为长期投资对象，那么手中的资金购买力将减少一半以上。

所以，投资门槛低、上手快，这些特性使股票成为靠自己打拼的年轻人投资的良好选择。并且，不愿意付出太多精力的，可以选择防御型投资；能够在这方面付出较多精力的，可以选择激进型投资。

总之，应对通货膨胀，购买资产是很好的方法。若购买实际资产的门槛太高，则可以选择股票，进行间接资产投资。投资者在进行资产投资的同时，也不能忽略另一种"无风险收益"资产——债券。因为我们不能保证每次"深入分析"的结论都是正确的，也不能绝对准确地预测市场经济衰退与繁荣的时机，所以必须要对资金进行配比，一部分投入无风险收益资产（债券）中，另一部分投入风险收益资产（股票）中。而配比为 25∶75 至 75∶25，至于什么时候使用哪种配比，则是后文要说的内容了。

7.3 这都什么时候了？

格雷厄姆在《聪明的投资者》中，回顾了 20 世纪 70 年代之前 100 年的股票价格历史走势。我们没有那么多的数据，从 1990 年上海证券交易所创立到现在，还不到 30 年。所以样本只有其的 1/4，推导出来的一些论点，或许不够全面，但已基本上能在现阶段指导我们的投资活动了。

不严格地说，我国股市一共经历了 5 次较大的牛市。

第 1 次发生在 1990 年 12 月至 1993 年 2 月，上证综指由最低 95.79 点上涨至最高 1 558.95 点。

第 2 次发生在 1994 年 7 月至 2001 年 6 月，上证综指由最低 325.89 点上涨至最高 2 245.43 点。

第 3 次发生在 2005 年 6 月至 2007 年 10 月，上证综指由最低 998.23 点上涨至最高 6 124.04 点。

第 4 次发生在 2008 年 10 月至 2009 年 8 月，上证综指由最低 1 664.93 点上涨至最高 3 478.01 点。

第 5 次发生在 2013 年 6 月至 2015 年 6 月，上证综指由最低 1 849.65 点上涨至最高 5 178.19 点。

这几次的上涨，需要从几个方面来看：时间、时间跨度、上涨幅度、月均上涨幅度。由此绘制一个二维图表，就可以从横坐标和纵坐标来观察上涨情况了。

7.3.1　时间尝试与幅度尝试

在时间方面，5 次牛市分别用时 27 个月、84 个月、29 个月、11 个月、25 个月。仅从牛市维持的时间来看，这里面根本没有什么玄机可言。如果你了解波浪理论的话，你当然会知道，主升 1 浪、主升 3 浪和主升 5 浪的运行时间不可能一致，也很难出现可观测、可预测的逻辑关系。更不要说，这 5 次上涨中，可能还有 B 浪的上涨，或者是 B 浪中子浪的上涨；如果有的话，那就更加复杂了。

很多学习过江恩理论的朋友也会说，这 5 个数字非常有内涵，比如 27 是 3 的 3 次方啊，3 可是江恩理论中的重要数字；再比如 84 是 3 的 4 次方再加 3，可以看出 3 很重要吧。29 是个质数，但它也是 3 的 10 倍再减 1。25 更不用说了，它是 5 的 2 次方，这意味着一个正方形，正方形在江恩理论中也非常重要。别说正方形了，利用这些数值还可以拼凑出三角形或六边形呢。因此这些数字不是毫无规律的，你拆开任何一个，都可以得到江恩理论中的重要数字。

但是好像任何一个数都可以拆成江恩理论中的重要数字。那我们先来看江恩理论中有哪些重要数字，这些数字基本都在斐波那契数列里。或者我们干脆说，1 ～ 11 基本都是江恩理论中的重要数字，特别是 3、5、7、11，好像数列中的其他质数也很重要。大多数人应该都听过最大公倍数和最小公倍数。任何一个数的最小公倍数，都可以拆分为前面的那些质数。那是不是可以理解为任何一个数都可能是江恩理论中的重要数字呢？如果任何一个数都很重要的话，那也就是任何一个数都不重要。所以不要盲目相信这些通过简单思辨就可以破拆的荒谬猜想了。

在时间跨度方面，就不能单单看上涨的时间了，而要看低点之间相隔的时间和高点之间的相隔时间。但在观察之前，需要将这 5 次上涨中的第四次先去掉，因为第四次上涨不论从幅度还是持续的时间来看，都不像是一次主升浪的上涨。它夹在两个明显的顶部之间，并且时间仅有 11 个月，还不到 1 年。它更可能是 2008 年金融危机后的一次反弹。

先看低点，分别位于 1990 年 12 月、1994 年 7 月、2005 年 6 月、2013 年 6 月，两两相隔 44 个月、132 个月、97 个月。低点几乎没有规律可遵循。再看高点，分别位于 1993 年 2 月、2001 年 6 月、2007 年 10 月和 2015 年 6 月，两两相隔 101 个月、77 个月、93 个月，也没有任何指导意义。江恩理论的主要理念之一就是时间，既然时间无规律可循，那么江恩理论是帮不上我们什么忙了。

再从上涨幅度上来看，5 次上涨的点数分别为 1 463.16 点、1 919.54 点、5 125.81 点、1 813.08 点、3 328.54 点。5 次上涨的幅度分别约为 1 527.47%、589.01%、513.49%、108.99%、179.96%。不论从上涨点数还是上涨幅度来说，数字之间几乎都没有什么关系。

最后来看月均涨幅，5 次上涨的月均涨幅分别为 10.88%、2.32%、6.45%、6.93% 和 4.2%，同样也没有多大的指导意义。

7.3.2　加入大盘月平均市盈率

前面我们把所有能找到的要素都计算过了，对我们来说都没有多大的意义。那么我们是不是就不能知晓股市目前处于近 30 年来的什么位置了呢？为了弄清楚股市现在所处的位置，必须加入另一个要素，也就是市盈率。

市盈率 = 当前股价 ÷ 当期每股收益。

市盈率是衡量股价是否合理的标准之一，关于市盈率的问题后文还会进行详细讲解。现在我们的首要问题是，在加入市盈率这一要素之后，我们能否知道目前股市所处的位置。

个股有个股的市盈率，指数也有指数的市盈率，指数的市盈率是通过加权平均个股市盈率计算出来的。由于收集数据非常困难，我只能找到 1999 年以来的上海证券交易所的月平均市盈率数据。该数据与上证综指的对比如图 7-2 所示。

图 7-2　上海证券交易所月平均市盈率与上证综指对比

左侧纵坐标和实线为上海证券交易所月平均市盈率数据，右侧纵坐标和虚线为上海证券综合指数（简称上证综指）月收盘数据。这两条线大部分时间的走势是基本吻合的，并且其上下波动的频率也基本相同。那么加入指数的月平均市盈率数据后，与之前好像没有什么关系。

其实不然，标准市盈率的计算方法为 1÷无风险收益率，无风险收益率约为 4%～6%。所以标准市盈率的浮动区间为 17～25 倍。我们取个中间值，标准市盈率一般来说以 20 倍为准。如果市盈率高于 20 倍，说明当期股价过高；相反，如果市盈率低于 20 倍，说明当期股价略低。

如果从价值投资的角度来考虑，一件东西的价值为 10 元，我 8 元买入，物有所值，这就是价值投资。但格雷厄姆还加了一个条件——安全边际，就是我们离危险越远，安全边际就越宽。

交易股票也是一样，我们首先要知道我们所投资的东西的真实价值是多少，或者说公允价值是多少。比如你认为它的价值是 10 元，但这毕竟是主观分析，是不是有可能估值错误了呢？如果它的真正价值只有 7 元，结果你按 10 元估值，用 8 元买了，实际上你还亏了 1 元。那么要离 10 元越远越好，远到什么程度呢？

虽然"市场先生"的情绪很不稳定，但也不会不稳定到非常离谱的程度。本来价值 10 元的东西，通常不会报价 0.5 元卖给你。"市场先生"就是市场内所有交易者的总和，最后的博弈，最多也只能达到半价左右的程度。所以当月平均市盈率达到标准市盈率的一半时，也就是 10 倍的时候，股市基本上已经见底了。

但也不是每次都会这么精准，有时候市场看多、看空的氛围并不那么强烈，股市在达不到半价的情况下就会见底。根据 1999～2019 年的统计数据可以发现，当月平均市盈率达到 10～15 倍时，股市就会见底。

这里面也有一些运气的成分，如果你非要等到当月平均市盈率达到 10 倍时再建仓，那么你将错过 2007 年的大牛市。如果当月平均市盈率在 15 倍以下你就建仓，那么你将经受 3 ～ 4 年的煎熬，才能迎来 2015 年的牛市。

但关键的问题并不在这里，从目前的数据来看，沪深两市共有 3 000 多只股票。不论你选择当月平均市盈率在 15 倍以下就建仓，还是选择当月平均市盈率未达到 10 倍就不买入，这都没有问题。因为我们不是交易指数，我们是交易个股。

当指数的月平均市盈率在 15 倍以下时，总会有一些个股的月平均市盈率在 10 倍以下。只不过这时符合条件的股票数量要少于指数的月平均市盈率为 10 倍以下时的股票数量。这只是选择多寡的问题，而不是选择时间的问题，所以这不是一个大问题。

但需要注意的是，格雷厄姆清楚地说过，不能过分看重某一月的市盈率甚至某一年的市盈率，而要看长期的平均市盈率。这个问题，我们在后面讲市盈率的时候，会再详细地论述。

加入了市盈率的要素之后，我们可以推论，当指数的月平均市盈率达到 10 ～ 15 倍时，就可以选择买入个股了。至于选哪些个股，根据防御型和激进型投资者喜好的不同，也有不同的选股方案。但至少在指数上，在大方向上，我们已经可以得到一些预见底部的信息。

2016 年 2 月，月平均市盈率达到 13.5 倍，这也是自 2015 年下跌以来最低的一次月平均市盈率数据。我在 2016 年 2 月时连发《保守的 2 600 点》和《激进的 2 600 点》两篇文章，呼吁大家赶快买入股票，这是当时我通过个股分析后得出的结论。现在回看指数的市盈率数据，也印证了我当时的分析是正确的。

2018 年 6 月，我发表了一篇名为《大跌之日给你个安慰》的文章，预测股票价格指数在 2 300 ～ 2 500 点时为底部区域。这也是基于月平均市盈率的判断。

至于后势如何发展，影响并不会太大。只要我们能找到被低估到一定程度的个股，长期持有，或多或少都会有回报。

7.4　债券怎么投资？

既然两个篮子很重要，说明债券和股票同样重要。我们整本书都在讲股票如何筛选，关于债券的内容非常少，所以必须补充一下债券的相关知识。当然这只是点到即止，不过这些知识也足以让你构建投资组合了。

7.4.1　风险和收益成正比？

风险和收益成正比，这句话应该算是一种"伪常识"。在我的老师跟我说风险与收益不成正比之前，我一直将它当作金科玉律。例如，在头肩形态形成之时构建敞口仓位，风险就比收益小得多。

并不是谁能承担更多风险，谁就能获得更多的收益。那什么才和收益成正比呢？格雷厄姆的原话是："投资者的目标收益率，更多的是由他们乐于且能够为其投资付出的智慧所决定的。图省事且注重安全的消极投资者，理应得到最低的报酬，那些精明且富有经验的投资者，由于他们付出了最大的智慧和技能，则理应得到最大的回报。"

也就是说，你得有付出才有回报，没有付出就只能得到"适当"的收益。其实有的时候，付出还真的未必能得到应有的回报，但不付出就一定没有。

7.4.2　防御型投资者的跷跷板

防御型投资者付出的精力毕竟有限，通常不指望通过投资来实现财务自由，所以他们也不会太艳羡激进型投资者能得到更多收益。付出少，期望也低。所以对于防御型投资者来说，他们可能无法分辨出现在应该按 25 ：75 的比例分配资金，还是按75 ：25 的比例分配资金。那怎么办？让他们多看文章，多进行演算，多分析数据吗？可是他们大多不愿意在投资方面多花费精力。所以格雷厄姆给出了一个折中的办法——对开，即按 50 ：50 的比例分配资金。一半买债券，一半投资股票。

资金分配好了，那就永远保持这样吗？种子种下去了，就再也不用管了吗？即使你不懂也不想弄懂配比问题，也至少得抽出时间来监控。如果债券收益与股票的资金占比的差值达到了 10%，也就是购买债券的资金由 50% 变成了 55%，而投资股票的资金变成总资金的 45%，那就将债券多出来的这 5% 卖出，投入股票中。不管哪一方的资金占比比另一方多出 10%，都要拿出 5% 来将差值抹平。

这就像坐跷跷板一样，要在动态中保持平衡。结果是什么？每次你都会在某一方相对高的位置得到占总资金 5% 的回报，交易一次得到一次，两边的补仓成本越来越低。最终表现为，你持有的债券数量和股票数量越来越多。长期下来，这多出来的部分就是你所得的收益了。

这种方法的好处在于，如果某一方是呈趋势性上升的，如股票，通常你就不用担心自己会在顶部被套牢。在股价不断的上涨中，你已经在不断出货了，当然你不太可能像激进型投资者一样全在高位卖出，而是在上升的道路上一路不断卖出。同样，下跌的时候，你也不必担心在底部被套牢，而是一路下跌一路买。

7.4.3　左手差价右手利息

很多投资者至少会用一半资金来购买债券，所以在此处必须说清楚债券问题。国家或企业需要资金时，可以向大众分别出售国债或企业债，约定好利息，每年付息一次，最后一年归还本金，并附带最后一年的利息。

由于人们对于利率的预期是不一样的，所以债券的价格是有波动的。债券价格处于静态时，很容易计算收益。假如投入100元，若票面利率——约定好的利率——为10%，为期5年，那么你每年都会得到10元的利息，最后一年还给你100元本金，5年后共获得本利150元，这和定期存款非常相似。特别的地方在于债券价格会有波动。

如果票面利率为10%，但售价只有95元，你的收益率就不是10%了。因为债务人不管你是从谁手里买的债券，他都要按100元的本金来付息。所以相当于你的成本为95元，但每年能拿到10元利息，这个收益率约为10.53%（10÷95）。但不确定的地方在于债券价格会波动，特别的地方在这儿，问题也出在这儿。

如果你买的时候售价为95元，现在价格下跌了，报价为90元。你是亏了还是赚了呢？这也要分两种情况来说。

第一种情况，你是全额购买（非保证金交易）的投资者，那你的目的就是持有到期以获得利息，那价格波动就跟你没关系。你无所谓亏也无所谓赚。

第二种情况，你是在债券市场中利用保证金交易的投资者。保证金交易不用付全额，目前我国债券期货市场中每张100万元的债券，只需要不到5万元的保证金就可以进行交易了。那么你的目的不是持有到期，而是赚取差价，下跌5元，可能就会让你强行平仓。

还有一点，债券是按日算息，这也是它和银行定期存款不同的地方。也就是说，你可以在到期之前的任何一天把它卖掉。你持有了多少天，就得到多少天的利息。但银行定期存款如果不到期就取出，只能按活期存款利率来计算，那就亏损较多。

例如，你以 100 元的价格买入了一张票面利率为 10% 的债券，持有半年后，你急需用钱，要把这张债券变现。但目前的价格下跌了，报价为 97 元。你是赚了还是亏了呢？我们来计算一下。

持有半年利息收入为：100（价值）× 10%（利率）× 1 ÷ 2（时间）=5 元。那么买你债券的人，需要付给你 97 元的报价，还需要付给你 5 元的利息，共 102 元。你不但没亏，反而赚了 2 元。如果将身份转换，你来买别人手中的债券，你也得付给别人利息。为什么？因为最后债务人付息，他不管你持有这张债券多长时间，他只管按约定付息，所以最后兑现债券的人将得到全年利息，也就必然要为转手之前的利息买单。

债券是个好的投资选择，为什么这么说？虽然它的价格可能下跌了，但它可以用票面利率来对冲亏损。可谓"左手赚差价，右手赚利息"。

7.4.4 国债和企业债

债券可以分为两种，一种是国债，另一种是企业债。大部分人都知道国债可以到银行去买，而对于企业债，投资者一怕违约，二是不知道如何交易，所以了解的人非常少。

这两种债券的最直接区别是：国债不收税，相对安全，利息相对较低；企业债收税，相对不安全，利息相对较高。

债券有这么多优点，为什么成交量比不上股票和期货呢？因为前面我们只说了它的好处，没有说它的坏处，债券的风险是违约。我们借钱给别人，最大的风险是什么？连人带钱一起消失了，人都找不着，更别提还钱。所以大家都不太敢将资金投入债市。国债的风险还比较低，但企业债的风险就比较高了。

防御型投资者购买债券时，有几个需要注意的地方。国债的利息部分不收税，而企业债的利息要缴税率为 20% 的所得税。你买企业债的票面利率是 7%，1 年能获利 7 元，税费为 1.4 元，实际的收益率是 5.6%。如果同期国债的票面利率也能达到 5.6%，当然还是买国债更安全了。

如果企业债的利率比同期国债的利率高，即使缴了税也高很多，就要再分析企业的偿债能力了。一般有这么几个指标：流动比率（流动资产 ÷ 流动负债），速动比率（速动资产 ÷ 流动负债），现金比率（现金 ÷ 流动负债）。这些指标的数值越大，表示企业的偿债能力越强。

还有一个最重要的指标，利息保障倍数（息税前收益 ÷ 利息费用）。什么是息税前收益？就是企业在用营业收入减去成本、费用之后，未付息缴税之前的利润。我们在下一小节中会进行详细解说。利息保障倍数的值越高，说明偿债能力越强。格雷厄姆在《证券分析》中指出，利息保障倍数最低也要不小于7。

债券的另一种风险是可赎回性。有些债券按照合同是可以提前赎回的，这里面有时会存在着非常大的漏洞。格雷厄姆举了一个美国煤气和电力债券的例子。1928 年某企业以 100 美元的价格发行票面利率为 5% 的债券，期限是 100 年，此时的实际收益率为 4%。1929 年爆发了严重的经济危机，该债券价格一路下跌至 62.5 美元，此时的收益率为 8%（5 ÷ 62.5）。经济危机过去以后，该债券价格强势反弹，一路上涨到 166.67 美元，收益率约为 3%。此时企业要赎回债券，根据条款，应以 106 美元的价格赎回。

那么受益的是哪些人？应该是低于以 106 美元的价格购入债券的人。如果你以高于 106 美元的价格购入债券，即使你是在价格为 166.67 美元时购买的，持有至到期，你至少还能获得 3% 的收益，但企业一旦赎回，赎回价格为 106 美元，你一下子就亏了 60.67 美元。格雷厄姆在书中直接评价道："几乎是公然宣称，我总是赢家，你总是输家。"

购买企业债需要花费一些精力来对企业、合同进行研究。相对于企业债来说，国债没那么多讲究，但它的收益也略低。可见这又回到了之前所说的，收益只和你付出的精力成正比。

有了这些分析手段，你就可以衡量应该买企业债还是国债了。需要补充说明的是，债券交易是 T+0 制度，和期货一样。

与债券具有同样性质的还有定期存款储蓄和优先股，长期定期存款和短期债券基本是同样的年限，哪个收益率高，就选哪个。

7.4.5 如何做一个安全的债权人？

按照格雷厄姆的方法进行价值投资，必须接受资金在债券和股票之间的配比，我们不指望在债券上面能赚多少钱，它的主要作用是平衡风险。当股票市场风险达到高位时，转而投入债市，以免资金闲置。

股市和债市在通常情况下都呈负相关的走势，股市下跌，债市上涨；股市上涨，债市下跌。

所以我们在进行价值投资时，只要搞清楚两个主要问题即可。第一，企业债主要的安全标准是什么？第二，影响普通股估价的主要因素有哪些？债券虽然可以让投资者"左手赚差价，右手赚利息"。但价差毕竟比较小，所以固定收益还是占主要地位的。收益是固定的，安全性就显得特别重要了。

价值投资者要对股票进行估价，在公允价值之下买入，在公允价值之上卖出。所以在投资股票方面的主要任务就是估价。关于债券的安全性，格雷厄姆给了一个衡量标准，唤作"利息保障倍数"。

利息保障倍数 = 息税前收益 ÷ 利息费用。

未付利息、未交所得税之前的利润就是息税前收益。它能覆盖多少倍的利息费用？倍数越大，违约的风险就越低；倍数越小，违约的风险就越高。比如，未交税、未付息的利润为100万元，这一年需要支付的利息为50万元，那利润只能覆盖2倍的利息费用，这个倍数就太小了。如果只需要支付10万元的利息呢？这时利息保障倍数为10倍，相对于2倍来说，就安全多了。

利息费用计算起来非常麻烦。因为本书的受众，是没有财务基础的普通投资者，那么关于公式计算方面的讲解，一切从简，用利润表中的财务费用代替利息费用。

计算作为分子的息税前收益，用净利润加所得税，再加财务费用即可。这些项目的数据，在利润表中都可以直接读取。

利息保障倍数

= 息税前收益 ÷ 利息费用

=（净利润 + 所得税 + 财务费用）÷ 财务费用。

格雷厄姆给出的衡量标准是多少？7倍。但7倍不是统一标准，每个行业的标准不同，7倍只是大概的标准。随便找一个案例，同花顺的第一个企业债为02三峡债（120201），2002年由中国长江电力（股份有限公司）发行，票面价格为100元，票面固定利率为4.76%，利息所得税为20%。其他数据如表7-4所示。

表7-4 长江电力的利息保障倍数 金额单位：亿元

时间	息税前收益	财务费用	保障倍数
2018年	328.53	58.54	5.61
2017年	327.27	58.97	5.55
2016年	316.97	66.79	4.75

续表

时间	息税前收益	财务费用	保障倍数
2015 年	176.79	87.81	2.01
2014 年	187.23	34.04	5.50
2013 年	154.84	37.87	4.09
2012 年	181.23	46.34	3.91

7 年间，长江电力的利息保障倍数都没有超过 7 倍，不过总体趋势还是向好的。同花顺软件中，能看到的企业债有几千种，只要你肯踏踏实实地运用上述的方法来选择，就能找到合适你的一种。我们不选择这只企业债，并不是说它有问题，而是说在那么多种企业债中，应该还有更符合我们量化条件的一种。

利息保障倍数是衡量企业债是否值得选择的最重要的标准之一。还有其他几个标准，也要一并对照，如企业的规模、股票与权益比、财产价值。

关于企业的规模，我们可以参考格雷厄姆关于大型的、知名的企业的定义。所谓大型的企业，它的资产不能过少，至少也要排到行业内的前 1/3。所谓知名的企业，它的规模不能太小，至少也要排到行业内的前 1/3 或 1/4。

股票与权益比是指股票的市值与负债总额的比值，其公式如下：

股票与权益比

= 市值 ÷ 负债总额

=（股价 × 总股本）÷ 负债总额。

这个比值没有特定的标准，如果你选择了很多种企业债，没有办法抉择，可以用这个指标进行最后的比对。股票与权益比的数值越大越好，这是从债权人的角度来看，数值大说明企业的负债率比较低。但是从股东的角度来说，并不是比值越大越好。如果一家企业的盈利能力没有问题的话，利息是固定的，稍微用一下杠杆，会带来更多的利润。

关于财产价值，这与大型的、知名的企业的定义有些相近，当然财产价值越大越好。但格雷厄姆还说，财产价值并不等于存量，它更注重的是增量。如果企业的存量非常大，资产特别多，但没有盈利能力来增加增量，那么也只会坐吃山空。这就带来一个问题，如果更在意的是增量，也就是在意未来的情况，那历史数据还有意义吗？岂不是只看未来就好了吗？可以不用分析这些历史数据了？

其实不然，在意未来，在意增量，本身并没有错，但未来毕竟是不确定的，价值投资区别于技术分析的地方就是不进行任何预测。未来的情况好不好，我们不知道。但如果以前不好，未来会好的概率并不大。没有增量，存量几乎没有意义。因为没有增量，存量必然不会太大。

7.5 防御型投资者的防御方法

防御型投资者的主要收入来自股息和债券，在市场向好的时候，再赚一些股票差价。所以防御型投资者对于股票买入价格的要求并不严格，其重点在于安全。

7.5.1 普通股的优缺点

股票相对于债券的优点在于，它有相当大的优势跑赢通货膨胀。因为温和的通货膨胀会刺激经济的发展，进而使企业利润提高，导致股票价格上涨，企业派息增多。股票的另一个优点是收益上限没有限制，而债券的收益是有上限的。票面利率基本上已经提供了债券收益的中位区，除非债券的交易价格变动很大。但在利率受管制的情况下，这种价格变化也不会太大。股票却涨不封顶，在经济繁荣的前提下，企业的分红更多，如果不分红，这些未分配利润也会在企业内部进行再投资，以获取更多的收益。

股票有如此多的优点，可它的致命缺点就是难以把握买入的时机。如果你的买入价太高了，那么这些优点你就可能一个都看不见了。若你在2007年年末买入，或是在2015年6月买入，这些股票可能几乎没有优点，带给你的将是巨大的伤害。

7.5.2 防御的4个条件

格雷厄姆建议防御型投资者在债券和股票之间采用对开的方法进行投资，再用跷跷板法对二者进行平衡。债券可以买国债，深入分析后也可以买企业债。那么什么样的股票适合防御型投资者持有呢？格雷厄姆给出了以下4个基本条件。

条件一：鸡蛋不能放到一个篮子里。但放几个篮子里才会更安全呢？不要低于10个，也不要超过30个。太少了，不够分散化；太多了，让人应接不暇。但重要的是，你要理解篮子的真正含义是什么。比如，我买入赣粤高速、山东高速、楚天高速、四川成渝、重庆路桥、龙江交通、福建高速、华北高速的股票，看上去好像我已经分散化投资了，其实这些篮子只不过是大篮子里的很多个小篮子。真正的分散化是指行业分散。全都购买高速公路行业的股票，一荣俱荣，一损俱损，根本达不到分散风险的目的。

条件二：要选择大型的、知名的、财务稳健的企业。这个条件就非常含糊了，格雷厄姆给了一些参考性的建议。所谓大型的、知名的、财务稳健的企业，主要是指偿债能力，"稳"就是可长期发展，不会因为还不起债而破产。至于盈利能力，如果它的资产和规模都处于同行业的前列，至少短时间内不会出什么问题。

衡量企业财务稳健的能力，格雷厄姆同样给出了一个标准，股票账面价值÷总资产的结果不得小于 50%。股票的账面价值也可以称为股票净值或净资产，正常情况下，净资产 = 所有者权益。根据这些关系可以推导出以下公式。

总资产 = 负债 + 所有者权益。

总资产 = 负债 + 净资产。

总资产 = 负债 + 股票账面价值。

股票账面价值 ÷ 总资产 = 1 − 负债 ÷ 总资产。

股票账面价值 ÷ 总资产 = 1 − 资产负债率。

资产负债率 = 1 − 股票账面价值 ÷ 总资产。

若股票账面价值÷总资产的结果不得小于 50%，也就是资产负债率不得大于 50%。只要在股票软件中选中某只股票，然后按 F10 键，就可以看到个股资料中关于财务的信息，直接获取资产负债率的数值。例如，海螺水泥 2018 年的资产负债率为 22.15%，符合标准；再比如莲花味精（600186）2018 年的资产负债率为 128.97%，不符合标准。

关于这一点，如果仅用随意规定的几个条件，就来确定某只股票是不是符合投资者的要求，有些不负责任，但对于企业是否知名、大型，本身就无法给出量化定义。所以格雷厄姆说："过于执着如此随意性的标准是愚蠢的。这一标准是参考性的，只要不违背关于大型和知名的公认含义，投资者为自己设定的任何标准都是可以接受的。"

条件二中所说的一切，就是 3 个字——买好的。但好东西并不意味着很贵。

条件三：参考市盈率。可分为以下两种情况。

情况 1：以企业过去 7 年每股利润的平均值为标准，计算当前的长期平均市盈率，市盈率不得超过25倍。例如，海螺水泥在2016年年初，前7年的每股收益分别为2.01元、1.75元、2.19元、1.19元、1.77元、2.07元、1.42元，平均每股收益约为1.77元。2016年3月末报价为16.89元，长期平均市盈率约为9.54（16.89÷1.77）倍。在2019年，海螺水泥前7年的每股收益为1.19元、1.77元、2.07元、1.42元、1.16元、2.99元、5.63元，平均每股收益约为2.32元。2019年9月末报价为41.34元，长期平均市盈率约为17.82倍。该企业符合条件。好的企业，价格与价值共同上涨。如果现在报价为82.68元，长期平均市盈率约为35.64倍，则不符合条件。

情况2：如果只看最近1年内的市盈率，则不能超过20倍。海螺水泥2015年的每股收益为1.42元，报价为18.37元，当年静态市盈率约为12.94倍，符合条件。金晶科技（600586）2015年每股收益为0.02元，报价为4.73元，静态市盈率为236.5倍，按照我们的量化标准，它暂时不符合买入条件。

条件四：长期连续支付股息的记录。如果你看了很多遍格雷厄姆的书，你会发现他一直在强调发放股息的问题。为什么？因为股息必须是在当年盈利的情况下，从当年的利润中拿出全部或一部分进行分红才能产生，如果当年没有盈利，则不发放股息。所以长期连续支付股息的意思是，企业一直在盈利。不管多少，企业至少在盈利。

结合条件二，其实这就是考查企业的两个财务报表，偿债能力考查的是资产负债表，长期连续支付股息考查的是利润表。这在当时就是全部的报表了，因为当时还未出现现金流量表和所有者权益表。

7.5.3　排除了成长股

如果严格按照上述的4个条件进行选股，则会将成长股排除在外。因为成长股的市盈率一般都特别高，不论是长期平均市盈率，还是当年静态市盈率。那这样的取舍是否划算呢？

如果你有兴趣，可以查一下，以成长股作为主要投资项目的成长型基金，它们的收益其实并不高，有时连大盘都跑不赢。即使是那些经验丰富的投资者，在投资成长股的路上也不免跌跌撞撞，所以作为一个防御型投资者，你还需要考虑什么成长股的问题呢？

7.5.4　改变投资组合与风险

不论是长期市盈率还是当年静态市盈率，都有可能降到10倍左右。如果我们是在市盈率为 25 倍以下或 20 倍以下时买入股票，当它降到 10 倍左右时，我们岂不是亏了吗？这样宽泛的投资是否得当呢？

沪深两市有 3 000 多只股票，选股的时候最好使用排除法，这样会减少很多工作量。例如，先筛选出资产负债率高于 50% 的股票；然后再选出前面所定义的大型的、知名的企业；再来计算它们的市盈率情况，选择其中最低的 10 只股票。这样的话，你可能就不会遇到市盈率太高的股票。为什么这么说呢？

别忘了，作为防御型投资者，你有一半资产是放在债券中的。只有当债券赚了钱，债券的总价值超过股票总市值的 10% 时，你才会多拿出 5% 的资金来买股票。什么时候会出现这种情况？股价下跌！也就是说，只有在股价下跌的时候，你才会买股票。所以一路买下来，都是一边跌一边买，越买股价越低，因此只会买到市盈率更低的股票。当股价一路上涨时，市盈率也会随之升高。此时根据跷跷板法则，你只会不停地将股票赚的钱投入债券中，而不会买到市盈率更高的股票。

那么股票的风险在哪儿呢？股价越低越要买入，风险会逐渐减小，而股价越高越要买入，风险才会越来越高。当然这也要考量一下初始入市时，整体市场的风险水平如何。所以我们才会在本书的 7.3 节中提出要考查整体市场市盈率的情况。这是一个大前提，大前提没有问题，我们再从个股入手。现在市场上有很多长期市盈率为十几倍的股票，符合其他标准的股票也特别多。初始入市风险极小，和长期的收益相比，收益高于风险。

7.6 激进型投资者的进攻方法（部分）

激进型投资者付出的精力更多，诉求也更多。只不过在格雷厄姆时代，按照防御型投资方法来选股，基本就是在道琼斯指数成分股里面来选，几十只股票的选择用不了半小时就能完成。

激进型投资方法不限定在成分股中，这就包含了所有的二类企业。无法想象在没有搜索工具的帮助下，怎样在几千只股票中寻找 5 ～ 10 只股票的组合。所以放到现在来看，激进型投资方法，也用不了太多的精力，打几个字、点点鼠标，基本工作就可以完成了。

激进型投资方法，格雷厄姆将其分为两个步骤。

第一步，先找出市盈率低于 9 倍的所有股票。我第一次看到这句话的时候，就在想，这句话里所说的市盈率是指当期市盈率，还是指长期平均市盈率。要知道这两者有着非常大的区别。

再反复看，格雷厄姆说假设想找出股票被低估的明显证据，首先应该想到的是，价格相对于近期利润而言较低。什么是近期利润？肯定不是 7 ～ 10 年的平均利润，而是最近一个时期的，那一定是特指当期利润。第一步就是为了找出当期市盈率非常低的股票，如果有符合条件的股票，再看其他条件，判断股票是不是值得购买。如果股票当下都未被低估，其他的也就免谈了。

第二步，与防御型投资方法类似，只不过放宽了很多条件，如对于企业规模的要求就取消了。

第一条，财务状况。流动资产与流动负债之比至少达到 1.5 倍。相比于防御型投资方法的流动比率要大于 2 倍的条件，放宽了倍数。换成公式表达：流动比率 = 流动资产 ÷ 流动负债 ≥ 1.5。如果你选择的是工业企业，再附加一条，债务占净流动资产的比例不高于 110%。把它换成公式表达：债务总额 ÷（流动资产 - 流动负债）< 1.1。

第二条，盈利稳定。近 5 年内的数据中没有出现过赤字。相比于防御型投资方法的 10 年无赤字的条件，时间减少了一半。

第三条，股息记录。目前，有一些股息支付，相对于防御型投资方法的长期连续支付股息，几乎是无限放宽了，不过还是尽量要有股息记录。

第四条，利润增长。当期利润高于 5 年前的利润。只要相较而言更高就可以，并没有要求增长多少。

第五条，股价。股价不能高于有形资产净值的 120%。换成公式表达就是股价 ÷（净资产 - 无形资产）≤ 1.2。

如果无形资产并不是特别多，可以将无形资产忽略。直接计算股价对净资产的比值，也就是直接用市净率的数据。那么第五条就可以认为是市净率 ≤ 1.2。如果你还不放心，担心分母变大了会影响判断，那就适当地调整一下比值，可以把第五条修改为市净率 ≤ 1.3。

以曾经的实际操作举例，在问财平台中输入：2016 年 5 月 18 日流动比率大于等于 1.5，2016 年 5 月 18 日市净率小于等于 1.2，连续 5 年盈利。在得出筛选结果后，再动手检查 2015 年的净利润是否高于 2011 年的净利润，如果是工业企业的话，还要再按条件查一下负债情况。搜索的结果是有 2 只股票符合条件。

信达地产（600657）2016 年 5 月 18 日的收盘价为 4.84 元，10 派 1，成本减少 0.1 元，变成 4.74 元，最高价为 8.27 元，12 月 20 日的收盘价为 6.09 元，盈利 28.48%。

云南城投（600239）2016 年 5 月 18 日的收盘价为 4.43 元，最高价为 6.51 元，12 月 20 日的收盘价为 6.17 元，盈利 39.28%。

但不能着急，如果是指数在顶部呢？ 2007 年和 2015 年的情况如何？经初步筛选，2007 年和 2015 年没有符合条件的股票。而在 2006 年和 2014 年这样的灾年底部，却有很多符合条件的股票，这些股票构建的投资组合盈利率至少可达 5 倍，甚至 10 倍以上。这就相当可观了。

不过必须提醒你的是，即使是在灾年也不一定每天都能选到这样的股票，所以你必须锲而不舍地每天都找一遍。要注意分散化，不要把所有的资金都投入一只股票，所以每搜到一只，都只投入一部分资金。

那又应在什么时候卖呢？还记得债券和股票的资金配比吗？激进型投资不能只按照 50∶50 的比例，要在 25∶75 至 75∶25 适当地调整。那有没有一个标准呢？什么时候多买债券，什么时候多买股票呢？

我认为当指数月平均市盈率低于 15 倍时，债券占比 25%，股票占比 75%。指数月平均市盈率在 15 ～ 20 倍时，债券占比 50%，股票占比 50%。指数月平均市盈率在 25 倍以上时，债券占比 75%，股票占比 25%。

当然还有很多种灵活的方法适用于平仓。例如，每个月或每个季度换一次仓位，将每个月平均指标最低的一只股票加入进来，同时卖出投资组合中各项指标最高的一只股票。当然同时还得注意指数的月平均市盈率。至于使用哪一种方法就见仁见智了。

7.7　折现法

折现法是预估企业未来的利润或现金流，再折合成现在的价值的方法。这种量化方法给出的某些设定过于主观，要因时因地地给予不同的设定。

折现法与利率、复利、时间相关，所以要想学会折现法，要先从借钱谈起。

7.7.1 你会借钱吗?

借钱有两个概念，一是自己向别人借钱，二是别人向自己借钱。不论哪种借法，都有很大的学问。当然我们并不是在讲社交的学问，而是纯粹从经济学的角度来阐述。

除了至亲好友，我们现在基本上谈钱必言利，几乎没有平白无故地能从别人那里借到钱的。中小企业近些年来融资困难，很难筹集到足够的资金，所以他们会对放款人承诺比银行利率更高的利率。但这种渠道通常没有保障，大多需要人们自发地组成债权人维权组织。

我们假设借出去的钱都能收回来，或者我们借的钱也能按时还给债权人。那么我们在什么时机向别人借钱最好? 什么时机我们借钱给别人最好? 我们需要从最基础的知识开始说起。

单利。借钱取利大概有几种形式，最简单的就是单利计算。不论你借多长时间，都按初始本金来计算利息。我们举个例子，如果你借给我100元，每年按5%的利率来计算。每年我要付你多少利息?

第1年按100元本金计算利息为5元，第2年还是同样按最初的本金计算。10年也好，100年也好，都是按最初的本金来计算，利息永远是5元。我们简单地按4年来计算，4年的利息为20元，加上本金一共120元。如果我想算47年后的本利共是多少钱，有没有简单的算法? 当然有，一切事物皆有规律。公式为本利＝本金 ×（1＋年数 × 利率）。

单利是最简单的计算利息的方法，也是利息最少的一种计算方式。如果是按年来计算，并且每年单独支付利息的话，这种计算方式也算公平。但是如果你想快一点收到利息，借给我100元，规定年利率为5%，但要每月都支付一次利息，这样对谁更有利呢? 这就涉及复利的计算了。

复利。1年5元的利息，平均下来每个月约为0.42元。虽然1年下来，我还是一共付你5元的利息，可钱在谁的手里就对谁更有利。我们来分析一下，我第1个月给了你0.42元，你可以将它再继续借出去或存入银行。

这0.42元我是提前11个月给的，这11个月的时间又会为你带来更多的利息收入。如果你不嫌琐碎甚至可以按周、按天来收利息。只要钱在你的手里，时间就会为你带来收益。你可能会说，谁会在乎0.42元在11个月中带来的收益呢？见微知著，如果我们说的是 0.42 万元或 0.42 亿元呢？

从这种索要利息的方式，就能推出另一种计算利息的方式——复利。举个例子，你借我 100 元，并且约定 4 年后将本利还清，但有一个附加的条件，第 1 年的利息要加入本金中，再按增加后的本金重新计算第 2 年的利息，这样重复下去，直到第 4 年。

第 1 年的利息是 5 元，将这 5 元加到原来的本金 100 元中。第 2 年的本金就变成了 105 元，再按 105 元的本金重新计算利息，第 2 年结束后的利息就是 5.25 元。重复 4 年后，本利和约为 121.55 元。比我们按单利计算多出了 1.55 元。

第 1 年：本金 + 本金 × 5% = 本金 × $(1 + 5\%)$，第 1 年的本利和作为第 2 年的本金。

第 2 年：本金 × $(1 + 5\%)$ × $(1 + 5\%)$ = 本金 × $(1 + 5\%)^2$，第 2 年的本利和作为第 3 年的本金。

第 3 年：本金 × $(1 + 5\%)^2$ × $(1 + 5\%)$ = 本金 × $(1 + 5\%)^3$，第 3 年的本利和作为第 4 年的本金。

第 4 年：本金 × $(1 + 5\%)^3$ × $(1 + 5\%)$ = 本金 × $(1 + 5\%)^4$。

单利计算中的利息和年数是线性的关系，而复利计算中的利息和年数是几何级的关系。那么就可以总结出第 n 年复利的本利总和公式了，即本金 × $(1 + 利率)^n$。

如果你看到复利计算的结果只比单利计算多出 1.55 元，因此觉得差距太小，我们再来计算一下 47 年后单利和复利的差值。

单利 47 年后：$100 × (1 + 47 × 5\%) = 335$ 元。

复利 47 年后：$100 × (1 + 5\%)^{47} ≈ 990.6$ 元。

此时这个差距就变大了很多。如果你还说 47 年只相差 600 多元，那么还是那句话，见微知著，将本金放大再计算一次。或者我换一种说法，100 元每年回报 5%，想变成 1 000 元。按单利来计算需要 180 年，按复利来计算不到 48 年。所以爱因斯坦说："复利是人类最伟大的发明，复利是宇宙间最强大的力量，复利是世界第八大奇迹。"

到此我们可以总结出第一条借钱的学问，即计算复利。

数字是可以计算的，所以聪明的人会把一切情况都考虑到。有这样一种借贷方式，还是计算单利，但是比复利获利还要多，这种方式就是先付利息。

这种情况近年来很常见，是典当行中最常用的方法。假设我向你借1 000元，约定好每个月3%的利息，3个月后归还。如果按单利计算的话3个月后我要还你1 090元，如果按复利计算的话我要给你大约1 093元。但你说："我也不按复利计算了，就按单利，但是我要先将利息扣除，你先给我90元利息。"也就是说你实际借给我的是910元，3个月后我还你1 000元，3个月中你赚了90元。如果我们仔细算一下账的话，你并不是用1 000元赚的90元，而是用910元赚的90元。那么910元的利息到底是多少？

按单利计算：$910 \times (1 + 3 \times 3\%) = 991.9$元。

按复利计算：$910 \times (1 + 3\%)^3 \approx 994.38$元。

不论按单利计算还是按复利计算，利息都不足100元。这种先付利息的方法看似划算，其实它比复利计算出的利息还多。

至此我们总结出第二条借钱的学问，即先要利息。看似公平，其实赚得更多。

很多时间我们总是感叹，钱越来越不值钱了。这句话的意思就是同样是100元，能购买的东西变得越来越少了，比如原来能买2袋米，现在只能买1袋了。我们也能在新闻中经常听到CPI这个词，如果说钱越来越不值钱了，其实就是CPI升高了。

我们假设去年的CPI为100%，那么今年CPI上升了10%，也就是原来用100元就可以买到的东西，现在要花110元才能买到了，你手中的钱贬值了。这种情况下，你应按多高的利率借给别人钱？

如果还是按5%的利率取息，也就是说你索取的名义利率是5%，100元1年以后变成105元。可如果我们能准确地预估明年的CPI将要上涨10%，那你手中的钱到明年的购买力就少了10%，或者说贬值10%。一面是取息5%，一面是贬值10%，那么你索要的实际利率其实是-5%。

我们总结出第三条借钱的学问，即要计算实际利率。

如果实际利率为正，那么可以放贷取息。如果实际利率为负，那你索要的利率一定要高于CPI的涨幅。可你会说，这个市场的利率就是5%，如果我要得比它高那就没人会借我的钱了。那你只能利用其他方法让你手里的钱保值了，如果你还坚持放贷，那么你放得越多，亏得就越多。

我们可以从总结的第三条方法中得出另外一条推论。

如果发生通货膨胀，那将预示着物价越来越高，手中货币的购买力越来越低，自己的钱越来越不值钱。相对于向你借钱的人来说，他们赚钱也越来越容易，理由就是钱不值钱了，所以每个人将会赚到相对更多的钱。你借给他 100 元，他再还你，对他来说是件很容易的事。或者你向他索要了高额的利息，也只能保值而已。

如果通货紧缩呢？也就是钱越来越值钱了。也从另一个侧面说明融资非常困难，缺少资金的人愿意付出更高的利息来向你借钱。你借出去的钱，不但未来会不断地升值，你的钱也会越来越值钱。再加上放款所得的利息，更是锦上添花。

那么从第三条结论中得出的推论就是：在通货膨胀的情况下不借钱出去，想办法让自己的钱保值；通货紧缩情况下，尽可能地借钱出去。

虽然我们说的是借钱的学问，但你完全可以把它看成是理财的学问。借钱，你可以把它理解成借给企业典当行，当然更可以理解成买国债或存银行。如果你认为买国债、存银行利息收益太少了，也可以理解成投资，当然这是更加庞大的一个话题。目前来说我们狭义地去理解它就足够了。

如果你借钱给别人，你要明白在什么情况下、怎么计算利息，才是对你最有利的。如果你向别人借钱，也要知道他在什么情况下才会借给你，并且尽量为自己争取最少的利息支出和最大的利益。

7.7.2　现在值多少钱？

过去很重要，有句话是这样说的：能看多远的过去，就能看多远的未来。未来也很重要，至少能给你生活下去的信心。但不论是过去还是未来，都是由一个一个的现在累积起来的，现在是过去的未来，现在是未来的过去。所以不论是相对于过去还是未来，现在都显得尤为重要。

如果有人告诉你，某个东西明年值 100 万元，你一定要知道，它现在值多少钱。

我们已经讲过如何计算利息。如果我按复利计算，现在有 100 元，每年有 5% 的收益，明年值多少钱？很简单，105 元。再过一年呢？110.25 元。再过一年你还能算出来，约为 115.76 元。

精彩的来了，我反过来问。年收益 5% 的情况下，明年值 105 元，现在值多少钱。反过来算一下就可以了，用 105 除以 1.05，现在值 100 元。把问题问得再复杂一点，在年收益率为 5% 的情况下，2 年后值 110.25 元，现在值多少钱？想一想复利的计算公式，用最终的值 110.25 除以两次 1.05 就可以了，现在还是值 100 元。

这个简单的计算就叫作折现，也就是将未来的价值按照设定的收益率折合成现在的价值。计算方法虽然简单，但是它有大用处。

例如，我有个朋友买了一套 84 平方米的房子，每平方米价值 4 350 元，总价值 36.54 万元。我们假设有 3 种付款方式。第一种是一次性全款交齐；第二种先交首付 11 万元，以后 15 年中每个月交 2 200 元；第三种是先交首付 11 万元，以后 20 年中每个月交 1 800 元。这 3 种付款方式哪种更划算呢？

如果按第一种方法一次性交齐 36.54 万元就可以了。第二种方法，每个月交 2 200 元，15 年共 180 个月需要交的钱为 39.6 万元，再加 11 万元首付共为 50.6 万元。第三种方法，每月交 1 800 元，20 年共 240 个月需要交的钱为 43.2 万元，加 11 万元首付共为 54.2 万元。

这 3 种情况的结果看似是显而易见的，第一种方法最省钱，可是你要想有多少人有能力一次性交齐全款呢？大多数人都会在第二种和第三种方法中选择。此外，如果认为只是比较一下最终交钱的总和就可以得出哪种方法更划算，你就错了。不论是 50.6 万元还是 54.2 万元，都是十几年以后的钱，回到我们现在的问题，它现在值多少钱？

我们再把问题简化一点，就是 15 年后的 39.6 万元（第二种方法按揭款总额）折算到现在值多少钱？ 20 年后的 43.2 万元（第三种方法按揭款总额）折算到现在又值多少钱？

道理很容易明白，可是计算却是个大工程。若按第二种方法支付房款，每一年都要交按揭款 2.64（2 200×12）万元，按银行 1 年定存利率 3.25% 来算，1 年后的 2.64 万元在现在的价值约为 2.56（2.64÷1.032 5）万元。如此类推，2 年后的 2.64 万元在现在的价值约为 2.48（2.64÷1.032 5^2）万元。根据复利公式，n 年后 2.64 万元按 3.25% 的收益率计算的折现值你就会算了。

分别将第二种方法的 15 年折现值和第三种方法的 20 年折现值计算完成后，得出的数据是，按第二种方法，折现后总价约为 313 184 元。按第三种方法，折现后总价约为 285 889 元。

因为不论哪种按揭方式都要交 11 万元的首付，所以我们只计算按揭款的折现值就可以了。如果以第二种方式共需要交 39.6 万元，按第三种方式需要交 43.2 万元，相差 3.6 万元。可是如果我们按银行定存 1 年的收益率来折算现在的价值，一个约为 245 101 元，另一个约为 227 868 元，仅相差 17 233 元。

换句话说，15 年后的 39.6 万元和 20 年后的 43.2 万元，以现在的目光和角度来看，只是 17 233 元的差额而已。我们得出这样的折现值后，你就有了更多的选择了，如果你每个月只赚 4 000 元想买这样的房子，每个月交了 2 200 元的话，可能你这 15 年都过得不舒服。如果每个月交 1 800 元，多出来 400 元可能就宽裕一点。相差多少呢？你从最终值来计算确实相差 3.6 万元，可按折现值来看就少了许多。

当然按揭因银行的不同，会有很多种不同方式。按不同方法计算出折现值，可以以你目前的和预期的收入状况，来为自己的未来做出财务规划。

计算按揭款的折现值仅仅是折现的一个最小用处之一，一切分期付款的行为，我们都可以按折现法计算出折现值，得出哪一种情况更划算，更适合自己，比如与我们的生活息息相关的保险折现计算。

投资者最关心的问题之一是股票估值。你可能会问，股票不是分期付款啊，跟折现有什么关系。可以这么说，对于股票估值的计算，直接催生了折现的计算方法。

如果我问你，某家企业只能存在 1 年，简单来说它只有 1 股，并且它在这 1 年将带来 10% 的利润，下一年企业就会关门，并且终值为 110 万元。现在这一股售价 105 万元，你买不买？

这就需要计算折现值了。在 1 年收益 10% 的情况下，终值为 110 万元。那么计算出折现值为 100 万元（110÷1.1）。也就是说以它给你的条件，它目前只值 100 万元，而它却售价 105 万元。买了就亏 5 万元，当然不买。如果它现在的售价为 95 万元，你买不买？ 95 万元比折现价 100 万元低 5 万元，当然要买。这就是折现法在股票估值中的应用。

我们再说一个比较复杂一点的例子，你预计某家企业未来 2 年每股收益都是 1 元，并且该企业带给股东的收益率是 10%，以 2 年为基础计算，这家企业现在值多少钱。

这需要分 2 年来计算，在 10% 收益率的条件下，1 年后的 1 元折算到现在大概值 0.91（1÷1.1）元，2 年后的 1 元折算到现在大概值 0.83（1÷1.21）元。将 2 年的折现值相加为 1.74 元，也就是说，在该条件下这家企业每股价值为 1.74 元。如果股票市场上的报价为 3 元，那肯定不买。因为它实际就值 1.74 元，买了就亏 1.26。在市场报价低于 1.74 元的时候买入才不亏。

这是最简单的股票估值模型，企业当然在正常情况下不可能只存在一两年，每股收益也并不稳定。并且你不能给收益趋势不明显的企业进行这样的线性估值，应用这样的估值模型还需要一些更为严格的条件。一般情况下，我们都会预估出企业未来 30 年的收益率，再将 30 年的收益逐一折现相加，得出我们为了这些收益愿意支付的价格。

假设你现在的工资是每年 10 万元，有机会可以去读一个学位，学费 20 万元，如果有了这个学位，你的年薪将增加到 15 万元。你现在 35 岁，60 岁退休，还可以在工作岗位上工作 25 年。我们就事论事，只从利益最大化的角度来看待这个问题，到底读还是不读？

如果有了这个学位，你还可以工作 25 年，每年多赚 5 万元，25 年就是 125 万元。确实比 20 万元学费要高得多，但是我们要知道，这一秒的钱可能比下一秒的钱值钱得多。所以还是需要算一下折现值。1 年后增加的 5 万元，按现在的最高年利率 5.32% 来说，相当于现在的 4.75 万元；那第 2 年增加的 5 万元相当于现在的 4.51 万元；25 年后的 5 万元相当于现在的 1.37 万元。

所有这 25 年多出来的 125 万元未来的现金值，全部折现到现在大约是 68.26 万元（将每年的折现值相加）。从现在的这个角度来说，你一次性支付学费 20 万元，得到当下折现后的 68.26 万元。拿现在的价格来比，直接就赚了 48.26 万元，还是非常划算的。

折现的过程很残酷，25 年后的 5 万元，按目前最高的年利率折到现在就只有 1.37 万元了。但反过来看折现率就是预期收益率，如果我们利用得好，若现在有 1.37 万元的话，年收益为 5.32%，25 年后它就会变成 5 万元。

折现的过程将现值和终值连接在一起，我们可以利用终值通过折现率来计算现值，也可以再反推回去，用现值和收益率来思考终值。不论终值有多大，时间越长，折现率越高，现值就越低。不论现值有多小，时间越长，收益率越高，终值就越大。

附利用 Excel 表格计算折现值方法。

1. 打开 Excel 表格。

2. 了解公式，现值公式为 = PV（rate,nper,pmt,fv,type）。

PV——现值；

rate——折现率；

nper——时间；

pmt——年金；

fv——终值；

type——类型（可选，省略表示付款时间是在期末）。

3. 第五年期末的终值为 100，折现率为 10%，计算现值。

4. 按给出的条件在表格中输入"= PV（10%,5,0,100）"，按 Enter 键后出现数值，为"-62.09"。

为什么是负值？因为我们按 10% 的收益率计算 5 年后得到 100 元，那么就表示我们现在需要支付 62.09 元，负号就表示支出。

7.7.3　浙江龙盛

在使用折现法筛选股票时，我们不能直接使用净利润，而要引入一个新的概念——股东盈余。

股东盈余 = 当期净利润 - 资本支出 + 折旧。

股东盈余是从现金的角度来看待问题，所以为了了解股东盈余必须始终从现金的角度来考虑问题。

举个例子，我搬砖一个月赚 10 000 元，这是账面利润，并非真实收益。为什么呢？

因为我为了下个月还能赚 10 000 元，我必须支付 5 000 元的房租和足够 1 个月吃的 500 元的泡面。为了搬砖，我还要再买一副 100 元的手套，能用 2 个月。我真正赚到的钱是 10 000 元的账面利润，减去为了下个月持续赚钱必须支付的支出 5 600 元，最后剩下的现金是 4 400 元。所以股东盈余（真实拿到的现金），要先从当期利润（当月工资）中减掉必需的支出。

为什么要加回折旧呢？要从现金的角度来考虑。因为在计算利润的时候，已经减掉了手套每个月的折旧 50 元（100 元用 2 个月），但手套每两个月才支付一次，中间那个月并没有现金支出，却减掉了折旧的费用。所以从现金的角度来看，当月利润（工资）算少了，要把多扣除的 50 元加回来。

股东盈余（真正拿到的现金）

= 当期利润（当月工资）- 资本支出（为了维持生存必须支付的现金）+ 折旧（未流出现金却被减掉的账目）。

我们不必仔细计算资本支出与折旧的数据，只需要寻找相似的会计科目进行替代计算即可。可以在现金流量表中，用"购建固定资产、无形资产和其他长期资产支付的现金"代替资本支出，在现金流量表补充资料中可查询到折旧数额，或者直接在问财平台中提问"××××年折旧"可得到答案。

2018年10月19日，浙江龙盛（600352）股票价格达到2018年的最低价7.71元。至2019年4月，价格上涨至26.41元。

我们以浙江龙盛为案例来看一下，我在2018年8月末写的浙江龙盛的股票的参与计划。

浙江龙盛经营的业务：以染料、中间体、减水剂等特殊化学品为主，无机化工等基础化学品为辅。

染料：能使其他物质获得鲜明而牢固色泽的一类有机化合物，由于现在使用的颜料都是人工合成的，所以也称为合成染料。

中间体：以煤焦油或石油产品为原料，用来制造染料、农药、医药、树脂、助剂、增塑剂等的中间产物，因最初用于制造染料，也称染料中间体。

据2017年年报数据，染料业务营业收入为91.4亿元，约占总营业收入的61.19%，毛利率为38.91%；中间体业务营业收入为22.4亿元，约占总营业收入的15%，毛利率为46.26%。

看一家企业，首先要看到它是否具有周期性。即便有周期性，也还要区分它的周期跨度，了解它目前处于哪个半周期内。最直观的方法是看它的历年净利润。浙江龙盛2016年与2017年的净利润较低。通常情况下，如果企业处于收益上涨半周期，即便某一年的利润会缩水，也不会超过2年。所以从浙江龙盛的净利润走势图来看，它勉强算是处于上涨半周期中。

接着我们来分析浙江龙盛2016年与2017年净利润走低的原因。

1. 从营业收入来看，2015年营业收入下降不多，2016年下挫较大，2017年虽有回归，但也未超过2014年的高点。

2. 从营业成本来看，2016年营业成本降低，2017年营业成本升高。

结合营业收入与营业成本的数据来看，2016年与2017年的这两组数据是同涨同跌的，也就是说明浙江龙盛这两年的收益下降，与成本关系不大。从而可以推导出，上游对染料行业的影响不大，那么能影响到它的，只能是下游产品了。这是我们的切入点之一。

在浙江龙盛的子公司中，上海晟诺置业公司、盛达国际资本有限公司等，投资都较大。可以推导出有两种可能，其一是浙江龙盛对于染料业务未倾尽全力，还有余力去投资其他行业；其二是浙江龙盛对于染料业务已倾尽全力，但无力再扩大规模、增加收益。

为了验证从子公司中看到的信息，我们可以看一下利润表中的投资收益。我们不止一次说过，如果不是集团性质的公司，并且在其投资与主营业务无关的情况下，投资收益过高，是净利润上涨的主要驱动因素之一，则这家公司不具有长期牛股的"气质"。其股票价格一旦回归内在价值，就要引起注意，尽快离场。这也是我在 2019 年 4 月平仓的原因之一。

在投资收益的数据中，2015 年投资收益高达 8.49 亿元，当期营业利润为 34.18 亿元，约占比 24.84%。2017 年投资收益为 7.45 亿元，当期营业利润为 34.06 亿元，约占比 21.87%。

所以结合第一切入点，2015 年恰是营业收入滞涨的时间拐点。也能推导出，浙江龙盛并非未在染料业务中倾尽全力，而是因为在 2015 年之前，其营业收入线性增长，最快发展时期已过。2015 年之后，浙江龙盛心有余而力不足。

2018 年与 2019 年机构给出的高预期收益，是否能持续？又为什么会给出高预期收益？这是我们的第二切入点。

染料大致可分为：分散染料、活性染料、硫化染料、其他染料。其中以分散染料与活性染料产量最高，用途最广。这两种染料的上游是石油化工、煤化工与无机化工，工艺繁复。石油化工产出苯/芳烃衍生物，煤化工产出焦煤油，无机化工产出无机原料。3 种二代产品再产出对硝基苯胺衍生物、间苯二胺、对氨基苯甲醚与还原物，最终形成分散染料。活性染料更加复杂，3 种化工产出十几种二代产品，形成活性染料。

2018 年染料价格上涨，是受益于石油与煤的价格上涨。成本上涨具有传导性与放大性，成本的上涨，不仅会带动终端产品价格的上涨，还会将上涨幅度放大。我们在讲第一切入点时所说的浙江龙盛不受上游成本制约，是指 2015 年后其营业收入与营业成本同涨同跌，受下游影响更大，与此处的论述没有关系。

但我们也知道，不论是石油还是煤，都属于大宗商品。大宗商品本身就具有强周期性，今年涨，明年跌；此月涨，下月跌。大宗商品本质上处于完全竞争市场，所以即便有趋势性，也是暂时的。如果机构给出的高预期收益，是因为今年原材料上涨，那么这种高预期并不具备可持续性。也正因为上游产品是大宗商品，所以谈浙江龙盛的议价能力，是伪命题。

染料虽然有 4 种，但绝大部分的染料消费，都在纺织印染上。

分散染料最大的下游产品是涤纶印染，而涤纶属于聚酯纤维。我国每年聚酯纤维的产量约为 6 500 万吨，则涤纶的产量占聚酯纤维的 65% 左右。

活性染料最大的下游产品是纤维素印染，在活性印染行业中，纤维素印染的市场份额约为 30%。

通常情况下，服装公司并不进行纺织品印染，其间还要经过坯布印染的环节。坯布印染多集中在江浙地区，以作坊为主，行业集中度低、技术含量低，几乎没有门槛，竞争激烈。所以染料行业规模较大的浙江龙盛对于下游有极强的议价能力。但也由于下游企业过于分散、产能不足，龙盛即便对下游有议价能力，也要看下游企业的需求能力。那么直接传导下去，服装业的兴衰对于染料行业起着决定性的作用。

从服装家纺指数来看，2015 年见顶之后，2016 年 11 月强势反弹一波。不过结合综合指数来看，2016 ~ 2018 年的 3 年慢牛行情中，服装家纺类企业在后半程中几乎完全掉队，没有起色，没有亮点。

服装家纺的终端消费并没有刺激上游染料行业，用服装家纺类的净利润数据进行对比，排名第一的森马服饰周期性较强。2018 年与 2019 年虽然机构对森马服饰给出了较高的预期收益，但其增速缓慢。排名第二的地素时尚、排名第三的罗莱生活、排名第四的太平鸟等，乃至整个行业都具有历年收益忽高忽低、预期增速慢的情况。

至于目前是否处于上涨半周期的底部，我们最好不要进行判断。不过我们在估值的时候，要尽量保守一些。

下面是对上下游情况的总结。

1. 上游大宗商品具有周期性，若根据原材料价格上涨的传导性来提高对于浙江龙盛的收益预期，不具有持久性。

2. 下游用户分散且上游对下游具有很强的议价能力，但服装家纺本身具有周期性，并且其发展预期并不是很被看好。下游企业的需求，使议价能力稍打折扣，很大程度上影响着浙江龙盛的发展。

染料是一种集合称谓，它是很多种印染产品、技术等的总称，所以染料不存在替代品，只能说染料技术是否存在着替代关系。

分散染料是市场份额最大，用量、出口最多的一种染料。值得一提的是，它是目前唯一能在涤纶上印染的染料。所以分散染料技术以目前的技术来看，是无法替代的。至少在印染流程中，染料企业有着不可替代的价值。

同行业中，浙江龙盛和闰土股份（002440）都属于规模较大的企业。浙江龙盛染料的营业收入为 91.4 亿元，毛利率为 38.91%；闰土股份染料的营业收入 47.13 亿元，毛利率为 34.06%。不论从营收规模还是从内含附加值来看，浙江龙盛都比闰土股份更好。但差距并不是很大，所以我们在分析浙江龙盛的时候，最好也分析一下闰土股份。

从浙江龙盛的杜邦分析来看，其销售净利率不断在提高，也就是单品利润一直在提高。总资产周转率下降了 12 个百分点，但我们也不能孤立地看待问题，近 6 年中，其总资产从 171.53 亿元上升至 470.62 亿元，总资产周转率的分母不断增大，所以比值的下降可以理解。一高一低的净利率与周转率，属于杜邦分析的正常状态。权益乘数不断增大，其比值为 2 时，资产负债率为 50%；2017 年权益乘数比值为 2.4，资产负债率超过了警戒线。

综合来看，浙江龙盛的销售净利率并不高，周转率也并不高，杠杆略高；从财务分析来看，浙江龙盛发展得比较均衡，但它相应的问题也是没有亮点。它既不能靠单品利润获得更多的附加值收益，也不能靠走量来加快周转，所以说发展均衡的同义词也就是没有亮点。

浙江龙盛的资产负债率高于 50%，则它的现金流一定要好，这是对于高杠杆的另一种形式的补充。近 6 年浙江龙盛的自由现金流总和为 -68.17 亿元，平均每年"烧掉" 11.36 亿元的现金。

对于盈余现金保障倍数，近 6 年平均值为 0.08，远远低于标准值 1。并且近 2 年的经营现金流为负值。从历年数据来看，这并不是偶然现象，在 2006 ～ 2017 年这 12 年间，共有 5 年的经营现金流为负值。

不论从自由现金流来看，还是从盈余现金保障倍数来看，浙江龙盛的现金情况都在标准以下，再加上非流动负债（有息）在 2017 年为 148 亿元，占总负债的 54%，所以 2017 年仅财务费用就占了 3.27 亿元，这未免太高了。从历年的财务费用数据来看，2013 年之后，浙江龙盛的财务费用便居高不下，2017 年达到顶峰，如表 7-5 所示。

表 7-5　浙江龙盛财务费用数据　　　　　　　　单位：亿元

时间	财务费用
2013 年	2.16
2014 年	2.32
2015 年	2.26
2016 年	2.33
2017 年	3.27
2018 年半年报	2.21

杠杆高、自由现金流常年为负、经营现金流常年为负、财务费用高等，都在吞噬浙江龙盛的盈利能力。结合我们的两个切入点，浙江龙盛自 2015 年以来，营业收入增长陷入停滞，一直处在下游刺激不足、高负债、低现金回流的状态中，不免让人对浙江龙盛的经营情况感到失望。

浙江龙盛在分散染料的寡头地位暂时无人可撼，但其向上发展的空间并不大。浙江龙盛在主营业务上并未倾尽全力，其原因是市场几乎被占满。

高集中度行业中占据高份额的寡头企业，其首要目的是开疆与守成。2018 年浙江龙盛的汽配业务营收占总营收的 6.2%，服务业占 0.73%，房地产业占 0.61%。除了最大的主营业务之外，浙江龙盛有很多零散的业务，但都没有做大。表明其在开疆方面还没有走出一条光明坦途。

浙江龙盛在守成方面做得很好，寡头地位暂无人撼动，与第二名闰土股份拉开了非常大的距离。下游纺织业近几年的弱势，无法带动上游的染料行业。图 7-3 所示为纺织制造指数复权月线。自 2015 年创出新高后，震荡下跌，至 2017 年呈现断崖式下跌，2018 年 10 月略有反弹。下游的不景气，影响了上游的预期。所以浙江龙盛在 2016 年 1 月至 2019 年年初，都处于低位震荡的状态。

所以我们得出一个推论：分析浙江龙盛的切入点，并不在其增长性，而在于它是否便宜。现阶段来看其稳固的地位无人可撼，只要它足够便宜，我们以内在价值 50% 的位置买进，一旦价格回归内在价值，就会有 1 倍的收益。

由于我们的分析指出，浙江龙盛并不具备成长性，所以我们假设在未来，它的股东盈余长期平均值不会发生过大的变化。

由于 2018 年 8 月时，2018 年尚未有年报出炉。所以使用机构对浙江龙盛的净利润预估数据：2018 年预估净利润为 40.99 亿元，2019 的预估净利润为 46.12 亿元。再加上 2014 ～ 2017 年的净利润，我们可以计算出 2014 ～ 2019 年的平均净利润。

图 7-3 纺织制造指数复权月线

下面计算浙江龙盛的股东盈余。

2014 ～ 2019 年平均净利润为 19.83 亿元。

2014 ～ 2019 年平均资本支出为 8.31 亿元。

2014 ～ 2019 年平均折旧为 5.07 亿元。

2014 ～ 2019 年平均股东盈余为 16.59 亿元，占净利润的 83.66%。

上面计算出股东盈余占净利润的 83.66%，那么 2014 ～ 2019 年的股东盈余约为 25.7 亿元，总股本为 32.53 亿元，估值中位约为 19.27 元。

如果以内在价值的 50% 买进，应在 9.64 元以下买进，至于在哪个位置买进，这就看你自己的选择了。

2018 年 9 月 12 日浙江龙盛的收盘价为 9.61 元，股价进入观察区，随时可以买进。此时你可以借助技术分析方法来选择具体的买点。

我们用最简单的方法：只要其股票价格处于 9.64 元以下便开始买进。直到 2018 年 10 月 19 日，浙江龙盛的股票价格触底至 7.96 元，账面浮亏 17.42%。

这就涉及我们之前所讲的内容，价值投资中的账面浮亏算不算真正的亏损。我们知道浙江龙盛的内在价值在 19.27 元左右，只要在 19.27 元以下买进，就不算亏。问题在于我们根本不知道它会被低估到什么程度。我们可能认为 50% 是一个很低的标准了，但在真实的走势中，它也可能以更大的幅度被低估。这一点，无法量化界定。

巴菲特曾在格雷厄姆的《聪明的投资者》的序言中写道，要用 0.4 元买价值 1 元的东西，也就是说以内在价值 40% 的价格买进。19.27 元的 40% 约为 7.71 元。当然 7.71 元更接近于底部 7.96 元，但若死守着 40% 这一标准，便会丧失浙江龙盛被低估时的买进机会，导致踏空。所以我并不建议把价格压得太低，有 50%

的低估幅度已经足够了。

所以即使有 17.42% 的账面浮亏也无所谓，毕竟它的价值在 19.27 元。当价格继续下跌时，也是我们继续补仓的机会。

我们在 9.64 元买进后，2019 年年初，浙江响水发生甲醇爆炸，甲醇这是染料的上游材料，促使浙江龙盛快速回归其价值。当然，在价格上涨至 19.27 元时我们便可以平仓，不过高估之后还可能继续高估。在真实的交易中，我建议在内在价值之上时平仓，通过进行技术分析来辅助判断。

因此浙江龙盛的价值回归，可以使你在 6 个月内赚到 1 倍以上的利润。

7.7.4　史上理论最高市盈率

如果我们按照盈利能力来给企业估值的话，要用到折现的方法。每一年的盈收预估出来后，再通过一定的预期收益率折成那一年收益的现值。将每一年的折现值相加，就是我们能给出的价格。

我们也都知道市盈率是当前股价除以当期的每股收益的比值，那就来计算一下，已知最持久的高收益企业的市盈率是多少，这个企业的最高市盈率也就是我们所能接受的理论最高市盈率了。

我们以巴菲特的伯克希尔·哈撒韦公司的收益率为例，该公司平均每年的复利收益为 20% 左右。那我们就假设一家企业年初收益为 1 元，第 2 年就是 1.2 元，第 3 年就是 1.44 元。年限呢？我们还是设定为 30 年。折现率呢？按照长期平均无风险收益率 6.5% 来计算，并且我们的收益率至少要比它高 1 倍，所以折现率设为 13%。

这样设定的企业，计算出的各年数据如表 7-6 所示。

表 7-6　理论最好的企业折现估值

时间	预期收益 / 元	折现后 / 元
第 1 年	1	-0.88
第 2 年	1.2	-0.94
第 3 年	1.44	-1.00
第 4 年	1.728	-1.06
第 5 年	2.073 6	-1.13
第 6 年	2.488 32	-1.20
第 7 年	2.985 984	-1.27
第 8 年	3.583 181	-1.35

续表

时间	预期收益 / 元	折现后 / 元
第 9 年	4.299 817	-1.43
第 10 年	5.159 78	-1.52
第 11 年	6.1917 36	-1.61
第 12 年	7.430 084	-1.71
第 13 年	8.916 1	-1.82
第 14 年	10.699 32	-1.93
第 15 年	12.839 18	-2.05
第 16 年	15.407 02	-2.18
第 17 年	18.488 43	-2.32
第 18 年	22.186 11	-2.46
第 19 年	26.623 33	-2.61
第 20 年	31.948	-2.77
第 21 年	38.337 6	-2.94
第 22 年	46.005 12	-3.13
第 23 年	55.206 14	-3.32
第 24 年	66.247 37	-3.53
第 25 年	79.496 85	-3.74
第 26 年	95.396 22	-3.98
第 27 年	114.475 5	-4.22
第 28 年	137.370 6	-4.48
第 29 年	164.844 7	-4.76
第 30 年	197.813 6	-5.06

期初收益为 1 元，每年收入复利 20%，30 年后已达到约 197.81 元。这样的企业我们付多少钱才合适呢？折现后加总为 72.41 元。那这样的企业市盈率是多少？即使当我们给出了 72.41 元的价格，当期收入为 1 元，用 72.41 元除以 1 元，得出这个理论最好的企业能接受的市盈率也只有 72.41 倍而已。

那么动辄几千倍市盈率的企业，它们的收益又如何呢？能不能达到 20% 复利收益并且持有 30 年呢？买了几千倍市盈率的股票后，你又该如何自处呢？

7.7.5 为什么 A 股比 H 股贵？

为什么大多情况下，A 股比 H 股贵？貌似合理的答案是：1 单位港元只能换到约 0.8990 单位的人民币，所以 A 股比 H 股贵。这种回答简直是胡说。

随便拿两只股票来对比，全部换成人民币报价。例如 2019 年 10 月 18 日丽珠集团 A 股（000513）报价是 27.9 元，H 股（01513）报价为 20.9 港元，换成人民币报价约为 18.89 元。换成统一报价后，A 股依然比 H 股贵。

但通过以下例子，相信你会有不同的发现。如果银行利率为 5%，那么我们存 100 元，1 年后会得到 5 元的利息。我们转换到买股票、自己当老板上，投给一家企业 100 元，1 年后赚得 5% 的利润，这家企业勉强及格，这是我们价值投资的基本思路。

企业毕竟还是有风险的，所以它必须得给我 10% 的利润，也就是它能拿 100 元赚回来 10 元，我才投入。那这个 10% 的预期收益率是哪儿来的呢？是从 5% 计算而来的，就是至少要比无风险收益率高 1 倍我们才同意投资。

再从这个角度来看，如果它每年都能赚 10% 的利润，并且持续 30 年，我们给这家企业股票的定价是多少呢？我们在折现法中给过详细的计算步骤。

那再说回来，从银行存款的利率，到计算企业的盈利能力，再到计算股票的定价，其中始终贯穿的关键词是什么？无风险收益率！你也可以理解成银行存款的利率或长期债券的利率。

再次比较 A 股和 H 股之间的区别，你会发现两者的基础利率是不一样的，也可以说无风险收益率是不一样的，那么预期收益率也就是不同的。预期收益率越高，定价越低；相反，预期收益率越低，定价越高。这个很好理解，如果能赚更多，代表我用很少的钱就能赚回来。反过来，如果赚得不多，代表我得用更多的钱才能赚回来。

我们既然能从理论上进行推导，如果这个推导的过程是正确的，那么必然还能再推导出条件的正确性——也就是港元的基础利率高于人民币的基础利率。

7.8 仁者心动

格雷厄姆在《聪明的投资者》一书中，提到两种方法：择时法和估价法。所谓择时法，就是选择买入和卖出的时机，技术分析就是择时法中的一种。再深究下去，价值投资是不是也需要择时呢？这个问题，格雷厄姆没有展开讨论。

7.8.1 择时交易

从广义层面来讲，一个防御型投资者若按格雷厄姆的方法进行交易，必须买入那些大型的、知名的、财务稳健的企业的股票，并且在市盈率上还有更多的要求，即按长期平均市盈率来说，不能超过 25 倍，按当期市盈率来说，不能超过 20 倍。

那么如果整体市场都处于被大幅度高估的情况，这些成分股都不符合条件怎么办？是不是要等？等什么？如果是等它的市盈率下降到 20 倍或 25 倍以下，那其实还是在等时间，不是吗？这种价值投资方法是不是也算择时交易？

从狭义层面来讲，价值投资等的不是时间，它等的是价值低于价格的时机，从这个角度来看它就不是择时交易。在书中，格雷厄姆谈到择时交易时，就说到了道氏理论，可见他眼中的择时交易是狭义的。包括在道氏理论的传人罗伯特·雷亚的书中，也说过头肩形成之类的形态只会使投资者迷惑。

用格雷厄姆的原话来表述："对投机者来说，择时具有一个很重要的心理作用，因为他想迅速获取利润。等待 1 年之后股票会上涨的这一想法，是不会被他接受的。"

然而，这样一种等待期对投资者来说算不了什么。让自己的资金处于闲置状态，等到获得某些自认为可靠的信号后再去购买股票：这种做法对投资者有什么好处呢？

他所得到的好处仅在于，等到后来能够按足够低的价格成功购买到股票，以补偿自己的股息损失。这意味着，择时交易对投资者没有实际的价值，除非它恰好与估价法相吻合，也就是说，除非它能使投资者按大大低于自己以前的售价的价格重新购买到之前股票。

在格雷厄姆的想法中，他把择时交易者，也就是普通的技术交易者，看得过高了。普通的技术交易者，他们更多的时候并不是在等待最好的时机，而是控制不住交易的冲动。他们随时随地都在交易，他们认为如果自己现在不交易的话，就会错失良机。

所以这些人购买股票时所犯的错误，大都在于随意交易，而并非让资金闲置。如果这些人能让资金闲置一段时间，反倒会出现更好的结果。

格雷厄姆的另一层意思是，就算你想等待一个更好的时机而让资金闲置了，但是你等待的时候，资金是有机会成本的，如果这时候发股息了呢？并且比你在这段时间将资金存到银行获得的利息更多呢？那么你不就会吃闲置资金的亏了吗？

7.8.2　你不分红怪我喽？

当然国情不一样，格雷厄姆并不知道我国企业的派息情况，毕竟他是美国人。那美国是怎么派息的呢？在欧美股市，投资者更关注的是上市企业的现金分红，因为只有现金分红能力的大小才能准确体现企业价值的高低。上市企业越是流行现金分红，投资者就会越重视企业业绩，也就越能接受价值投资理念，他们甚至会为了获得公开、透明的按季分红，而自觉选择长线投资。

现金分红，尤其是按季分红，并不只是一种单纯的分红政策，它更是企业实力与诚信的一种象征。按季分红的主要做法是，分配方案提前一年公布，一年4个季度按时等额均分。对于这样的现金分红方案，投资者只要知道今年的，就能知道明年的，只要知道第一季度的就能知道全年其他3个季度的。这就是所谓的按季分红，它要求企业具有比较稳定的盈利能力，更要求企业具有较强的利润预测和财务驾驭能力。否则，按季分红就会变成一句空话，毫无意义。

在中国香港主板上市的恒生银行，十余年如一日地按季分红，年度现金分红水平一直保持在每10股派现50～60港元，而且它的分红预案一般都提前一年就对外公布，每季分红时间及分红水平都是相对固定的。这是一种承诺和自信，更是一种诚信和责任。

有了对比，就知道问题出在哪儿了。为什么我们不太赞同格雷厄姆所说的理论，因为即使让现金闲置也不会出现错过分红的情景。何况我们见过太多企业，一年分一次红，每10股派现1元、0.5元或0.3元。

既然我们想要学习和使用价值投资，那么理论上就确实要和技术分析划清界限。但这不是本书所要说的主题，我们姑且只谈价值投资。

7.8.3　牛熊拐点的5个特征

价值投资的真谛就是——物有所值。把这4个字拆开来解释，就是在价格低于公允价值时买入，高于公允价值时卖出。

但这也要分防御型和激进型两种类型来讨论。防御型价值投资的主要任务就是别买贵了，其他的就不用考虑太多。但是激进型价值投资却遇到了难题，不能买贵了，这是大前提。但如果公允价值是 10 元，现在股价是 8 元，这是价值投资吧。那它是不是有可能还会跌到 5 元？在可预见的情况下，我能不能等到 5 元的时候再买，我在等待价格从 8 元跌到 5 元的期间，是不是在择时？价值投资的方法认为，在熊市买入，在牛市卖出。以我国市场为例，牛熊的分界是非常明显的，并且它们来得都很突然，消逝得也很快，甚至可以观察到带有明显规律性的时间间隔。

所以在熊市买入，在牛市卖出，这种方法比较适用。由于股市时而涨得迅猛，时而又跌如断崖，涨跌也只不过一两年的时间。所以我们迫切地想要知道，哪种情况算是跌到谷底，哪种情况算是涨到顶部。

用技术分析的话来表述：我们需要知道拐点。当然拐点的具体二维坐标我们无法预测，但至少可以知道一个范围，也就是底部在什么范围，顶部在什么范围。这也很难回答，但格雷厄姆给出了牛市顶部的 5 个特征。

1. 价格水平达到历史高位。

2. 市盈率很高。

3. 与债券收益相比，股息收入较低。

4. 大量的保证金投机交易。

5. 有许多质量较差的新普通股发行。

远的不说，只看 2015 年的牛熊转换，这 5 点几乎都达到了。如果连顶部范围也无法给出的话，那么只能给你一些特征，让你自己来判断了。

那么底部特征是什么呢？把这 5 点中的关键词反过来表达就是了。在前文中，我尝试着用指数的月平均市盈率来寻找市场的顶部和底部。其结果是，大致可以得到底部的范围，也就是指数的月平均市盈率在 10 ～ 15 倍时。

但顶部范围，用指数的月平均市盈率却无法找出。2007 年的顶部，指数的月平均市盈率达到了 70 倍左右。而 2015 年的顶部，月平均市盈率只有 20 倍左右，只有一些股票（创业板、中小板）的市盈率达到了 10 000 点左右。如果说必须达到 60 倍才算顶部的话，2015 年应该涨到 15 000 点左右，才算勉强及格，但事实并不是这样。

所以我们可以得到这样一种推论：底部容易判断，顶部很难判断。格雷厄姆也给出了同样的忠告，投资者的这种做法是不现实的——努力将自己的策略建立在传统方法的基础上，即等到出现明显的熊市价格水平时才去购买普通股。

他这段话有两个意思，第一个意思是，你不能等到价格水平达到明显的牛市水平时才去平仓，也就是我刚刚说的，顶部不好判断。第二个意思是，底部与顶部一样不好判断，如果你无限期地等待底部，但这个底部迟迟不来，最后演化为牛市，你可能会满仓踏空。

所以，你也别去管牛市还是熊市了，中心思想就是既然你不能判断，就不要择时交易。格雷厄姆给出的建议是：只要你遇到价格合适的股票，管它牛市熊市，都要果断买入。

那怎么避免我虽然低于公允价值购买股票，但可能不是最低价的情况呢？用债券和股票的资金配比进行调节。如果你认为股票现在的价格确实有一些合理之处，但不是非常合适，再加上你又怕踏空，那你就少买点股票，多买点债券。这样一旦股票价格下跌，反映在总资金的配比上，就是债券的资金多于股票的资金，如果债券的比例达到了55%，那就把多出来的这5%放到股票中去，这样你就又可以在更低的价格上买入股票了。这样既防止了踏空，也防止了买得不够的情况。

7.8.4 波动只不过是心动

价格的波动是难免的，并且对价值投资者来说，在建仓前，这种波动越小越好，在建仓后，波动越大越好。巴菲特举了一个例子，如果你每天都吃面包，那面包价格是越来越便宜好呢，还是越来越贵好呢？当然每天都吃的话，一定是越便宜越好了。

这个例子其实不太容易理解，如果越来越便宜，那么我买入股票的成本就会越来越低。可是价格不上涨的话，我买了也没用。这种情况你买了确实没用。那这个例子到底是为了说明什么呢？你还记得他说过，可口可乐是一只他永远不会卖出的股票吗？因为他买了就不准备卖出，当然是越低越好。

巴菲特主持伯克希尔·哈撒韦公司的工作后，并不是以股票的差价来赚钱的，而是低价收购优质资产，然后通过这些资产来赚钱。所以，从狭义的交易角度来讲，巴菲特不是什么"股神"。他之所以能成为专业投资人士，是因为他的理念。他有足够的时间、资金、能力去收购和经营企业，并不需要将它卖出。所以他几乎只需要做两件事，低价收购和资源配置，其他的事务就交给职业经理人打理。

但即使市场存在价格波动，对于长期持有的价值投资者来说，每一天的涨跌并不会使你更富有，也不会使你更贫穷。大多数时候的波动基本是无意义的。即使理念对了，人也总会有意志动摇的时候，所以格雷厄姆让投资者根据实际情况，不断地调整债券和股票的资金配比。

这么做的意义何在？我已经说过很多次了，但对于意志容易动摇的人来说，有着另一种意义。用格雷厄姆的话来说，它使得投资者有事可做。作为普通股的投资者，除了企业的净资产增长外，几乎没有任何渠道能获得买股票所能看到的现金流。买了股票，企业也不会给你发工资。所以几乎所有投资者都把增加现金流的希望放在股票价格的波动上面了，认为只有出现了价格差时卖出，才能获得更多的现金。那么在股票市场中，几乎所有人都把自己当成股票交易的参与者，而不是企业的所有者。

企业经营得怎么样，在许多投资者眼中，与自己根本没有一点关系。除非你经营得好，真的能让我快速获得现金。那么，对于那些打算按企业的账面价值购买股票的人来说，他买股票时，购买的价格只要超过了企业的净资产，他必然会将获得现金的希望放在股票价格的上涨上。

例如，企业的净资产是每股 10 元，而购买股票的价格是 13 元，多出来的这 3 元就是溢价。溢价越高，风险也就越大。如果你是以 30 元的价格购买的呢？跟资产的差距越大，风险就越高。另外，股票的价格和企业的内在价值之间的联系也就越小，甚至逐渐变得毫无关系了。

为什么会出现溢价呢？因为人们不满足于只看企业的净资产，而更看重企业未来的发展情况。大多数人认为，只要投资的是一家好企业，即使我支付了溢价，但随着企业发展带给我的是更多的利润，溢价只要在合理范围内，我也愿意支付。

所以可以得出一个推论，企业的前景越被看好，它的股票价格就会越高，风险也就越高，价格和价值的偏离程度也就越大。毕竟只是"看好"而已，不是以后真的会好。到这里格雷厄姆给出了一个方法：购买售价能较好地接近于企业有形资产价值的股票。什么是较好地接近？其实就是高于有形资产价值的部分不超过 1/3。

首先要知道什么叫有形资产，那些具有实物形态的资产，就是有形资产。或者可以用更简单的方法计算出来，先在资产负债表中找到总资产，再找到无形资产，前者减后者就是有形资产了。

如果有形资产每股 10 元，那么你购买这只股票的价格最好不要超过 13 元。

我们知道，总资产 = 负债 + 净资产。所以衡量总资产时，还要看其负债有多少，也就是看资产负债率有多高，如果负债率达到90%，那么这只股票的价格低于有形资产再多，我们也不能购买。资产负债率的一般衡量标准是不能超过50%。那51%行不行，这个其实没有硬性标准，每个行业也不相同，这需要根据行业区别对待了。

除了资产负债率，你还需要考虑一些其他的因素，如合理的市盈率，这个我已经在前文中说过了。比如选择那些大型的、知名的、财务稳健的企业，此外还要考虑企业的偿债能力，偿债能力主要参考流动比率、速动比率、现金比率等。如果这些条件都符合了，那么不管股票的价格怎么波动，你都没必要太过紧张。

格雷厄姆说，只要所持有股票背后的公司的盈利能力令人满意，他就可以尽可能不去关注股市的变幻莫测。只要出现了牛市顶部的5个特征，投资者随时可以离场，再挑选其他符合条件的股票。从根本上讲，价格波动对真正的投资者只有一个重要的意义，即它们使投资者有机会在价格大幅下降时做出理智的购买决策，同时有机会在价格大幅上升时做出理智的抛售决策。在除此之外的时间里，建议投资者忘记股市的存在，更多地关注自己的股息回报和企业的经营状况。

投资和投机的区别是什么？投机的主要兴趣在于预测市场的价格波动，投资的主要手段是按适合的价位买入和卖出。格雷厄姆的意思是，只要有机会投资，就不要迟疑，除非整个市场都没有符合条件的股票让你投资。如果你择时而动，可能会错过投资的机会。

所以你当然不可能买到最低价，也不可能买到底部区域，但如果把本章的方法代入防御型和激进型投资者的方法论中，则可以减少许多顾虑。作为一个真正的价值投资者，不会因为价格的下跌而担忧，也不会因为价格的上涨而兴奋。在他们的眼中，只有价格是否到达了合适的水平：到达了低位，则可买入；到达了高位，则可卖出。

7.9　安全边际

格雷厄姆说，安全边际是贯穿全书的一条主线，因为《聪明的投资者》全书讲的都是安全边际，只不过有些部分表达得很明确，有些部分表达得很隐晦。

例如那些大型的、知名的、财务稳健的企业，就是隐晦的表达。流动比率大于 1.5、当期市盈率低于 9、当期利润较 5 年前增长 1/3 等，则是明确的表达。

在债券市场中，如果利息保障倍数能达到 7 倍以上，债权人的安全边际就非常大，企业不会在可以支付利息的前提下违约；如果企业的账面价值高于负债很多倍，债权人也可以放心。格雷厄姆举了一个例子，若账面价值是 3 000 万美元，而负债只有 1 000 万美元，那么在企业的经营状况变坏之前，还有 2/3 的缓冲空间。即使最坏的情况出现，我们也可以在这 2/3 的缓冲区内将债券脱手。

普通股方面也可以寻找安全边际，之前所有经典选股策略的条件，无一不是在设置安全边际。不过如果我们以债券的角度看待普通股，又会多一个视角。我们在前文中谈到净资产收益率的时候，提到企业的净资产收益率要高于长期国债利率（理论最高无风险收益率）。假设长期国债的年利率为 5%，而企业长期的平均净资产收益率都在 10% 以上，减去 5% 的机会成本，多出来的 5% 以上的收益相当于是我们额外获得的。

这笔钱，企业或者以股息的形式发放给我们，或者划入未分配利润账户进行再投资。高出长期国债利率的部分，就是普通股的安全边际。根据格雷厄姆的统计，高于债券利率的累积股票盈利能力，一般会达到股票购买价格的 50%以上。这句话比较绕，大意是如果你能找到净资产收益率高于长期国债利率的股票并买入，它在 10 年以内应该可以上涨 50% 以上。为什么会得出这个结果？因为高出来的部分是 5%，又经过了 10 年，就是 50%。

但那是格雷厄姆的时代，国内大概最长 10 年会出现一次大牛市、大熊市。而一般情况下，股票都会有 5 ～ 10 倍的波幅，10 年上涨 50% 未免太慢了，不过幸好实际情况要比格雷厄姆当时的情况好得多。若换个角度想，现在的行情波动幅度大、转换快，是福是祸也要因人而异。

在前文中讨论过股票的风险是否在于价格，价格只是相对的，投资者的主要亏损来自经济状况有利时期所购买的劣质证券。证券购买者把当期较高的利润当成了盈利能力，并且认为企业的业务兴旺就等同于证券的安全边际大。

安全边际是建立在既有的历史数据上的，而不是建立在假想的未来之上的。在历史数据中，我们找到有缓冲区的有利价格买入，即使我们算错了，或者情况发生了变化，也有调整策略的余地。而假想的未来却没有科学的根据，对于没有根据的事，也就无法找到安全边际。

所以，《聪明的投资者》一书贯穿全书的安全边际思想，就是让我们以事实为基础，可以不必预测，或者尽可能少预测。毕竟完全靠预测是不靠谱的，如果能靠着预测过日子，那应该直接买彩票。价值投资是一门易学的、需要进行大量计算的工作，其中应用于投资普通股的一些策略，并不要求投资者有很强的分析和预见能力，就可以帮助投资者取得成功。

归根结底，安全边际是什么？格雷厄姆说做出了解释：证券的市场价格高于证券的评估价格的差额。也就是价值10元的东西，现在卖5元。所以为全书做一个最简洁的读书笔记，就只有4个字——物有所值。

本章逻辑链

1. 本章逻辑链是《聪明的投资者》一书的逻辑链。谁是真正的投资者，投资者与投机者有本质的区别。投资者会进行深入的分析，确保本金的安全，并且期望获得适当的收益。投机者恰恰相反，他们想的是冒更大的风险，来赚取理论上不可能存在的利润。

2. 投资者分为防御型投资者和激进型投资者，两种投资者的方法和策略都不相同，但都以3个原则为基础。不论哪种类型的投资者，都要利用"市场先生"那"情绪化的脾气"来获取利益。

3. 普通股和债券是投资者的两个篮子。既然普通股可以赚钱，为什么要把资金分散化，全部投入普通股中不是更好吗？我们通过对比CPI、股票价格指数与债券收益、资本收益率等，确认了资金分散投入两个篮子的必要性。

4. 为了弄清楚股票价格指数是否可以预见，我们尝试着用时间和上涨幅度来解读股票价格指数，但都没有效果。可以坦白地讲，技术分析的精髓不是预测，而是认清当下，并且跟随趋势。最后我们加入了指数的月平均市盈率后，才找到了一些规律，当月平均市盈率为10～15倍时，通常都是底部。

5. 两个篮子其中之一的债券，是一种保障性非常高的投资标的。它可以让投资者一边赚取差价一边赚取利息，购入安全性高的债券，通常要确保它的利息保障倍数高于7倍。并且股票和债券的配比应在25∶75至75∶25调整。

6. 格雷厄姆给防御型投资者和激进型投资者提供的投资方法，都以财务指标为标准。在经典选股策略之外，我加入了折现法的应用，这可以省去我们大部分的工作。

7. 格雷厄姆不认同择时交易，认为如果你看好了某只股票，在符合条件的前提下当时就应该购入，而不应该再等它价格更低的时候，原因是你可能会错过股息。但我国的国情与格雷厄姆时代的情况有所不同，所以我们有的时候也需要等待，或者采取定投的方法。价格的波动并不能让我们在一天之内变得富有或贫穷，波动是正常的，它只是"市场先生"的"情绪"的反映而已。符合条件的股票，通常有足够大的安全边际，它足以应付常规的波动，投资者不要被波动所迷惑。

8.《聪明的投资者》所讲的核心内容就是怎样寻找安全边际。安全边际隐藏在每一个限制条件之内。虽然没有明确的安全边际，但安全边际又无处不在。市场价格低于它的实际价值，这部分差值就是安全边际。所以只要购入的股票物有所值，就有安全边际，只不过安全边际有大有小而已。

第 8 章

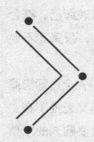

量化选股策略

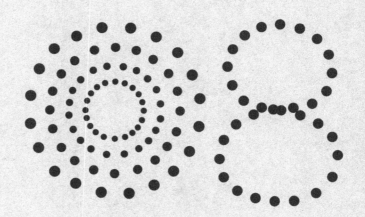

一曰度，二曰量，三曰数，四曰称，五曰胜。地生度，度生量，量生数，数生称，称生胜。故胜兵若以镒称铢，败兵若以铢称镒。胜者之战民也，若决积水于千仞之溪者，形也。——《孙子兵法·形篇》

8.1　单因子量化选股策略

从长远来看，企业基本面因子影响着股票的价值。企业的长期收益率会决定股票的最终价格。但反过来说，也许在几个月或 1 年的时间内，股票价格是基本面因子和投资者情绪相互作用的结果。

驱动股票价格的因素有很多，可能是盈利增长，可能是资产配置的优化，可能是显著的成长性，可能是更充裕的现金流。我们尝试用单一因子来寻找在股市中长期获得稳定盈利的可能性。

8.1.1　巴菲特买入《华盛顿邮报》的股票

指数的月平均市盈率在 10 ～ 15 倍时即可买入，是我们通过对比指数与指数的月平均市盈率后得出的结论。正常情况下市盈率为 20 ～ 25 倍，所以 10 ～ 15 倍市盈率基本上是"腰斩价"。巴菲特也说过要用 0.4 美元买入 1 美元，买入时也是腰斩价。所以如果我们能够在得到相对准确的估值后，直接以腰斩价买入，基本可以达到量化的目的。

这种方法可以用在指数上，也就可以用在个股上。那么是不是静态市盈率在 10 倍或 10 倍以下时都可以买入呢？如果这样进行价值分析，那就太草率了。价值投资不仅要有定量的分析，还要有定性的分析。

先来举一个例子，《巴菲特之道》一书中，给出了巴菲特买入《华盛顿邮报》股票的估值方法——市盈率极简估值法。不过在进行定性分析之前至少有两个考查条件，第一要有持续经营的历史，第二要有良好的长期前景。这两个条件符合了，才能再谈定量分析。

《华盛顿邮报》在巴菲特购买之前已经有 42 年的经营历史，当时已是华盛顿 5 家主要报纸之一，历经 3 代并购了《时代先驱报》和《新闻周刊》。在 20 世纪 80 年代，美国共有 1 700 家报纸，其中 1 600 家并没有直接的竞争对手。为什么会如此？因为这 1 700 家报纸中，很少有全国性报纸，与其说他们的利润是从提供优质的内容中获得的，不如说是从区域垄断中获得的。如果一个城市只有一家报纸，它提供的消息再不好，也会产生利润。而《华盛顿邮报》就是其中之一。

进行定性分析后，再着手定量分析。1973 年，《华盛顿邮报》的股东盈余为 1 040 万美元，美国的长期国债利率为 6.81%（无风险收益率）。那么，1 040 万 ÷6.81% ≈ 1.5 亿美元，可以理解为《华盛顿邮报》的估值为 1.5 亿美元。

为什么要这么计算，其中有什么道理吗？前文说过理论市盈率是用最高无风险收益率计算出来的，那么美国的理论市盈率是多少？如果我买美国国债，100 美元 1 年后得到利息 6.81 美元，把它当成投资的话，多少年能回本？100 ÷6.81 ≈ 14.68 年，也就是说当时美国的理论市盈率为 14.68 倍。如果把这个过程简化一下呢？就是用 1 除以无风险市盈率，1 ÷6.81% ≈ 14.68 倍。

再看《华盛顿邮报》的估值计算过程。

1 040 万 ÷6.81%

=1 040 万 ×1 ÷6.81%

≈ 1 040 万 ×14.68 倍市盈率

≈ 1.5 亿美元。

8.1.2 极简市盈率估值法

将上述计算过程还原的话，也就是用当期股东盈余乘以理论市盈率。再进

一步说，股东盈余是什么？你可以把它简单地理解成"每股利润"。那么最后的定量分析就变成计算"每股利润 × 理论市盈率"了。或者，你可以直接进行更简单的计算，即"每股利润 ×20"。

"每股利润 ×20"符合上述两个定性的条件，基本可以确定一家企业的内在价值。请注意我说的两点，第一要符合这种估值方法的定性分析，第二这也只是大概价值。格雷厄姆说过，没有一种数学方法可以精确地计算出一家企业的价值。所以这种简单的算法，也只能称为"估算"。

得到了大概价值，腰斩价就是我们买入股票时能够接受的最高价。所以我们还可以把计算公式再简化一下，变成"每股利润 ×10"，得出的值就是我们的买入价格。

就这么简单地完成了吗？当然没有，因为格雷厄姆还说过，不能过分看重某一年的收益。某一年的收益可能会因为某件事情的影响而变得过高或过低。比如 2015 年某企业可能每股利润为 1 元，我们的理论买入价是 10 元。可到 2016 年每股利润变成了 0.5 元，那么 5 元才是理论买入价。1 年之间，估值就降低了一半，所以只有当年的每股利润数据是不足以说明问题的。因此格雷厄姆说，至少要看 7～10 年的平均利润。那么极简市盈率估值法的计算公式应改为"7～10 年平均每股利润 ×10"。

走到这一步，还可以再变通一下。既然是用过去 10 年的平均每股利润再乘以 10，那何不直接把过去 10 年的每股利润相加，这样就省去了除以 10 再乘以 10 的计算过程。所以最后一步，我们可以直接用文字表述：如果一家企业具有持续的经营历史，并且有良好的长期前景，最好是垄断行业或寡头垄断行业，将它过去 10 年的每股利润相加，即我们购买该股票时所能接受的最高价。

这种方法的底层逻辑为，作为一家平稳发展的企业，前 10 年能赚多少利润，那么后 10 年也不会相差太多。那我就一次性预付后 10 年的利润，10 年中你慢慢还给我，这样至少保证我不会亏损。不过此时的市盈率为 10 倍，而理论正常市盈率至少为 20 倍。所以只要企业的经营不出现问题，它被低估的状况总会得到改善。早晚有一天它会回到 20 倍市盈率的股价。当股票价格回归价值的时候，我们至少会赚取 1 倍的利润。

那需要多长时间呢？按我国股市的顶底时间跨度来说，大约需要 4 年的时间。

平均计算下来至少每年可获得 25% 的利润。但还是会有人觉得少，所以我必须要提醒你，当牛市来临时，股价不可能在 20 倍市盈率处停止上涨，个股股价达到 40 倍市盈率以上也是非常常见的。那么按 4 年来计算，可获得 300% 以上的利润，如果运气再好一点，差不多一年可获得 1 倍的利润。

我们再回头看《华盛顿邮报》的案例，1973 年其市值为 8 000 万美元，而保守的估值为 1.5 亿美元，差不多是市场报价的两倍，这也基本上是一个腰斩价了。由于《华盛顿邮报》基本上属于区域垄断性报纸，所以它可以提价。我记得我上学的时候一份报纸大约卖 1.5 元，现在卖 2 元。十几年上涨 0.5 元，每年只不过上涨约 3% 而已。

如果《华盛顿邮报》每年提价 3% 情况又如何呢？因为基本上报纸的成本不会发生重大变化，提价 3% 相当于收益增加 3%。反过来想，也相当于它抵消了 3% 的无风险收益率，也就是无风险收益率由 6.81% 变成了 3.81%，那么此时的估值是多少？1 040 万美元 ÷3.81% ≈ 2.7 亿美元。估价上涨至 2.7 亿美元，是当时市值 8 000 万美元的 3.4 倍，反过来就是以大约 30% 的价格买入，比腰斩价还要低。不过报纸是否能顺利提价，我们不知道；或者说提不提价都没关系，因为按 1.5 亿美元的估值来看，已经满足买入的条件了。

8.1.3　万科 A 的市盈率估值交易

万科 A 在软件中可查到的每股利润从 1996 年开始，分别为 0.47 元、0.48 元、0.41 元、0.42 元、0.48 元、0.59 元、0.61 元。至 2002 年，已达到格雷厄姆要求的最低标准 7 年时间，此时就可以展开计算。这 7 年中，平均每股收益约为 0.494 3 元，再乘以 10，买入价为 4.9 元左右。因为到 2003 年 4 月，才能看到 2002 年的年报，所以我们要找一下万科 A 在 2003 年的报价是多少。2003 年最高 14.38 元，最低 5.7 元，没有达到我们的要求。

继续加入 2003 年每股利润的数据——0.4 元。8 年平均每股利润为 0.482 5 元，乘以 10，买入价为 4.83 元。同样要看 2004 年的报价，最高价为 9.7 元，最低价为 4.5 元。看似达到条件了，可以买入。但我们还要仔细看看，在 2004 年 4 月至 5 月月末，万科 A 的最低价为 7.3 元，5 月 26 日，股本结构发生了变化，送 1 转 4。原来的 10 股，现在变成了 15 股。

我们拿蛋糕来打个比方。同样的蛋糕，分成 10 份和分成 15 份，只是每份的

大小变了，但蛋糕的总大小并没有发生变化。总大小没变，只是切法发生了变化，那就值得我们买了吗？那么在 2005 年年报出来之前，我们必须把它复权回去，股本变为原来的 1.5 倍，那么我们必须把买入价格"缩小"同样的倍数才能达到同样的效果，4.83 元除以 1.5 为 3.22 元，那么在 2005 年 4 月之前，我们可接受的买入价变为 3.22 元。但 2004 年 4 月至 2005 年最低价为 4.5 元，并未达到要求。

继续加入 2004 年每股利润的数据——0.39 元，9 年平均每股利润约为 0.472 2 元，乘以 10，接受买入价约为 4.72 元。此时 1 年已过，分红派息已是上一年的事了，继续等待 2005 年 4.72 元的买入机会。

2005 年 5 月 27 日，最低价为 4.63 元，达到买入条件，在 4.72 元买入。但 2005 年最低价为 3.12 元，是不是浮亏太多了，所以这种方法并不算太适合？其实在 2005 年 6 月 29 日每 10 股转 5 股，再派发 1.5 元的红利，把 3.12 元复权后为 4.83 元，所以并未亏损。真正的浮亏是在买入后的 2005 年 6 月 3 日，其最低价为 4.22 元，此时浮亏约 11.85%。

此后 2006 年最高价达到 15.93 元，每股分红 0.15 元。假设原来你买入 100 股，成本为 472 元。2005 年 10 转 5 后变为 150 股，红利为 15（100×0.15）元，2006 年红利为 22.5（150×0.15）元，买入价与最高价的价差收益为 1 681.5（11.21×150）元。最高总收益为 1 719 元，最高总收益率约为 364%。时长为一年半左右。

若持有到 2007 年，2005 年红利为 15 元，2006 年红利为 22.5 元。2007 年 10 转 5 后，红利为 1.5 元，红利收入 22.5 元，买入价 4.72 元与 2007 年最高价 40.78 元的价差收入为 8 113.5（36.06×225）元。最高总收益为 8 173.5 元，最高总收益率约为 1719%。时长为两年半左右。

当然，如果你不是特别坚定，肯定不能持有这么久。那一般情况下，什么时间会卖出呢？遇到这种牛市，股票被高估 1 倍是很正常的，所以当长期平均市盈率达到 40 倍时，一般就可以出手了。1996～2006 年平均每股利润为 0.464 元，乘以 40 倍市盈率为 18.56 元，而 2006 年的最高价只有 15.93 元，所以 2006 年一整年，我们都不会卖出。

至 2007 年给出 2006 年的每股利润的数据后，再计算出前 10 年的平均每股利润为 0.456 元，乘以 40 倍市盈率为 18.24 元，所以我们将在 2007 年以 18 元左右的价格卖出。2007 年 1 月 16 日的最高价 19.41 元，达到卖出条件，在 18.24 元卖出。

此时的收益情况如下：2005 年红利为 15 元，2006 年红利为 22.5 元，2007

年卖出价为 18.24 元、买入价价差为 2 028（13.52×150）元。总收益为 2 065.5 元，总收益率约为 438%。从 2005 年 5 月 27 日买入，至 2007 年 1 月 16 日卖出，历时约 20.5 个月，1.71 年，年复合收益率约为 167%。

但是我们不能每年都达到如此高的收益率，至少要等到 2008 年年底或 2014 年才会出现这样的购买机会。平均 4～5 年才能有一次这样高的收益率，平均来看每年能达到接近 40% 的收益率。这已经非常高了，所以不用羡慕经历 2007 年后半段牛市的人。因为他们最后的收益，未必有用这种慢而稳的方法获得的收益高，甚至他们的收益有可能是负的。

2014 年出现了第二次买入机会，2013 年之前 10 年的平均每股利润为 0.68 元，乘以 10 为 6.8 元，达 2014 年最低价。但 2013 年每股分红 0.18 元，所以我们还需要将买入价调低 0.18 元，调低后为 6.62 元。2014 年 2 月 24 日，最低价为 6.52 元，买入。卖出价还是设定为 40 倍市盈率，即 27.2（0.68×40）元。2014 年最高价为 13.9 元，未达到卖出条件，继续持有。

2015 年时，再计算出 2014 年之前 10 年平均每股利润为 0.784 元，所以修改卖出价为 31.36（0.784×40）元。2015 年最高价为 24.43 元，未达到卖出条件，继续持有。

2016 年时，再计算出 2015 年之前 10 年平均每股利润为 0.909 元，所以修改卖出价为 36.36（0.909×40）元。2016 年最高价为 29 元，未达到卖出条件，继续持有。

2017 年年初，2016 年年报公布最近 10 年的平均每股利润为 1.06 元。修改卖出价为 42.4（1.06×40）元。

2017 年每股分红 0.79 元，将买进价 6.52 元下调至 5.73 元。2017 年最高价未达到 42.4 元，继续持有。但 2018 年 1 月，万科 A 价格达到 42.24 元的价格，与我们测算的价格相差 0.16 元。在真实交易中，万科 A 价格触碰 42.24 元后下跌，我们知道大概率上冲失败，在 40 元附近即可卖出平仓，甚至在 38 元卖出亦可。仅仅 0.16 元的差距，已经非常精准了。

我们尽量取小一点的值。假设我们在 38 元卖出，每股收益率高达 5.63 倍。持有时间为 2014 年年初至 2018 年年初，共 4 年，年复合增长率为 60.47%。

2018 年年初公布 2017 年年报，最近 10 年平均每股利润为 1.24 元，应在 12.4 元时买进。2018 年全年没有买进机会。

2019 年年初公布 2018 年年报，最近 10 年平均每股利润为 1.51 元，2019 年至今没有买进机会。

如果万科 A 没有机会买入，沪深两市 3 000 多只股票，你总会选到一只符合条件的，更好的情况是，交易密度可能比我们想象得还要高。

8.1.4 量化市盈率选股策略

格雷厄姆说，能不能获得超额回报？能！但用常规方法肯定不行，需要另辟蹊径，换一些方法。这些方法需要满足两个条件。

第一，它必须能达到基本稳健所要求的客观或合理标准。

第二，它必须有别于大多数投资者或投机者所采用的策略。

格雷厄姆所说的"有别于大多数投资者或投机者"的策略，在激进策略中给出了 3 点，第一点就是购买那些不太受欢迎的大企业的股票。市场可能会低估那些因为发展不令人满意而暂时失宠的企业。

这些企业，不是寡头，就是行政垄断，不会轻易亏损。哪怕暂时经营不善，也会利用其体量的优势进行弥补。目前都在讲"单点突破""小企业逆袭""互联网企业取代老牌大企业"，如果这些是对的，也只是一个趋势。就目前来看，大企业的优势还是很明显的。可能你会拿中国移动、中国联通来进行比较，说现在没多少人发短信了，它们的优势都弱化了，那你应该是不了解中国移动、中国联通 1 年的利润到底有多少。

在格雷厄姆提供的第一个策略中，选择大企业是基于安全的考虑，因此并不显得特别激进。我们要赌的就是这些大企业的挫败只是暂时的，它还会利用它的优势东山再起。所以当它不太受欢迎时，当它的股价特别低时，也就是当它的当期市盈率特别低时，买入它们。每年（每个周期）我们都买这些市盈率较低的大企业，1 年（1 个周期）后再卖出，如此循环往复。

怎样选择大企业呢？格雷厄姆是在道琼斯工业指数 30 只股票中，选择当期市盈率最低的 10 只股票。格雷厄姆生活的年代是大工业时代，所以他所选择的样本一定是工业指数。但是现在呢？应该以什么为样本来选股呢？

我找来找去，还是决定用沪深 300 指数作为选股样本。沪深 300 指数每年调整 2 次样本，并且沪深 300 指数是股指期货的标的物，可以说是沪深两市最有代表性的股票了。

选定了选股样本，就只需进行回测了。回测条件如下。

1. 以沪深 300 指数中的 300 只股票作为样本。

2. 选出当期市盈率最低的 10 只股票。

3. 当期市盈率以当年 4 月 1 日的市盈率为准（一般年报此时公布）。

4. 持有 1 年后卖出。

5. 时间为 2005 ～ 2019 年，共 14 年，回测数据如表 8-1 和图 8-1 所示。

表 8-1 低市盈率回测数据

日期	沪深 300 指数幅度	低市盈率幅度
2005-04-01 ～ 2006-04-01	8.48%	10.36%
2006-04-01 ～ 2007-04-01	162.16%	212.66%
2007-04-01 ～ 2008-04-01	28.8%	33.72%
2008-04-01 ～ 2009-04-01	−28.88%	−25.76%
2009-04-01 ～ 2010-04-01	33.11%	49.98%
2010-04-01 ～ 2011-04-01	−3.51%	9.5%
2011-04-01 ～ 2012-04-01	−24.99%	−15.31%
2012-04-01 ～ 2013-04-01	1.56%	2.83%
2013-04-01 ～ 2014-04-01	−13.24%	−7.25%
2014-04-01 ～ 2015-04-01	90.65%	191.26%
2015-04-01 ～ 2016-04-01	−21.87%	−1.74%
2016-04-01 ～ 2017-04-01	7.54%	30.96%
2017-04-01 ～ 2018-04-01	25.75%	−4.24%
2018-04-01 ～ 2019-04-01	−0.63%	15.21%

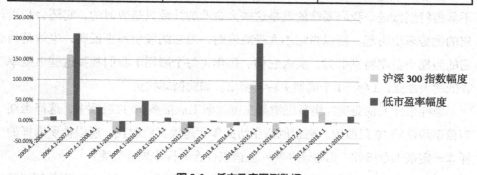

图 8-1 低市盈率回测数据

14 年间，复合收益率达到 23.31%。并且，沪深指数年复合增长率只有 10.63%。这个数字太漂亮，以至于让人不敢相信。我一直不遗余力地给任何一

个我见到的人算一笔账。你每年投入 10 000 元，每年赚 20%。第 2 年再投入 10 000 元，再赚 20%。这样往复下去，18 年后你将有 154.74 万元。18 年，你刚出生的子女也长大了，这些钱正好派上用场。更多人问我，18 年后的 154.74 万元还能买什么？他的意思是这些钱已经通胀到一文不值的程度。

但如果你不这样投资，你可能连 154.74 万元也没有；如果你投资了，你至少比别人多 154.74 万元。

如果按照格雷厄姆给出的这种策略，这 14 年中我们能拿到多少钱呢？

第 0 年投入 1 万元。

第 1 年收入 10.36%，本息为 11 036 元，再投入 1 万元，共 21 036 元。

第 2 年收入 212.66%，本息为 65 771.16 元，再投入 1 万元，共 75 771.16 元。

第 3 年收入 33.72%，本息为 101 321.2 元，再投入 1 万元，共 11 321.2 元。

第 4 年收入 -25.76%，本息为 82 644.85 元，再投入 1 万元，共 92 644.85 元。

第 5 年收入 49.98%，本息为 138 948.75 元，再投入 1 万元，共 148 948.75 元。

第 6 年收入 9.5%，本息为 163 098.88 元，再投入 1 万元，共 173 098.88 元。

第 7 年收入 -15.31%，本息为 146 597.44 元，再投入 1 万元，共 156 597.44 元。

第 8 年收入 2.83%，本息为 161 029.15 元，再投入 1 万元，共 171 029.15 元。

第 9 年收入 -7.25%，本息为 158 629.54 元，再投入 1 万元，共 168 629.54 元。

第 10 年收入 191.26%，本息为 491 150.39 元，再投入 1 万元，共 501 150.39 元。

第 11 年收入 -1.74%，本息为 492 430.37 元，再投入 1 万元，共 502 430.37 元。

第 12 年收入 30.96%，本息为 657 982.81 元，再投入 1 万元，共 667 982.81 元。

第 13 年收入 -4.24%，本息为 639 660.34 元，再投入 1 万元，共 649 660.34 元.

第 14 年收入 15.21%，本息为 748 473.68 元，再投入 1 万元，共 758 473.68 元。

共投入 15 万元，获利 608 473.68 元。

对于回测的方法，还有一点需要解释。虽然我们是买沪深 300 指数中市盈率最低的股票，但只能买正市盈率的股票，而不能买负市盈率的股票。也就是说，不买当期亏损的企业。为什么？

就像我们不买市盈率过高的企业一样，如某企业当期价格为 10 元，每股收益为 0.01 元，那么它的市盈率为 1 000 倍，这样高的市盈率的股票肯定不买。但是过了一年，它的报价未变，但每股收益已经变成了 -0.01 了，此时的市盈率为 -1 000 倍，非常非常小了。买吗？显然它和上一年基本没什么变化，并且比上一年稍微糟糕了一点。

既然没什么变化，仅仅是因为它亏损了，我们就买它吗？这显然不符合逻辑，所以我们只买"正市盈率"最低的股票。还要说明的是，在回测过程中，排除了银行股。因为银行股的市盈率常年很低，基本没有一个明确的说法。

8.1.5 股票是另一种形式的债券

如果换个角度想，股票就是另一种形式的债券。股息，就是票面利率。如果你用 10 元买一只股票，每股派息 1 元，持有 1 年后，再将股票卖出。收益来自两方面：一为股息，1 元；二为股票价差收益，此收益无法确定。

高股息率的股票，代表着企业进入成熟期，所以盈利相对比较稳定，若不是遇到特别大的熊市，股价基本不会出现巨幅下跌。再加上企业本身的经营状况较好，股价上涨的幅度反倒会特别大。

那些基本不发股息的企业，通常是将盈利资本化，把利润留在企业内部，留作发展之用。这就说明企业正处于发展期。这样的企业很像鲤鱼跳龙门，或在跃，或在渊：如果跳过去了，那就是"飞龙在天"；如果跳不过去，就变成"潜龙勿用"了。

所以从安全性这个角度出发，买入上一年股息率最高的企业的股票，就像把钱借出去，谁给的利息高，我就借给谁。那结果如何呢？本小节能找到的数据是 2011 ～ 2018 年的股息率数据。

回测条件如下。

1. 筛选出上一年度股息率最高的股票。

2. 在每年第一个交易日开盘时买入。

3. 在每年最后一个交易日收盘时卖出。

4. 若有中长期停牌，则先行卖出。

5. 买入上一年度股息率最高的 X 只股票，X 大于等于 10。回测数据如表 8-2 至表 8-10 和图 8-2 所示。

表 8-2　2011 年回测数据　　　　　　　金额单位：元

简称	2011年1月数据	2011年12月数据	股息	差价	收益	收益率
福耀玻璃	10.36	8.02	0.57	−2.34	−1.77	−17.08%
宁沪高速	6.67	5.69	0.36	−0.98	−0.62	−9.30%
广发证券	53.5	21	0.5	−32.5	−32	−59.81%
宝钢股份	6.44	4.85	0.3	−1.59	−1.29	−20.03%
建设银行	4.64	4.54	0.212 2	−0.1	0.1122	2.42%
雅戈尔	11	9.38	0.5	−1.62	−1.12	−10.18%
中国银行	3.25	2.92	0.146	−0.33	−0.184	−5.66%
大秦铁路	7.84	7.46	0.35	−0.38	−0.03	−0.38%
万通地产	5.81	3.2	0.17	−2.61	−2.44	−42.00%
工商银行	4.24	4.24	0.184	0	0.184	4.34%

表 8-3　2012 年回测数据　　　　　　　金额单位：元

简称	2012年1月数据	2012年12月数据	股息	差价	收益	收益率
华邦健康	34	16.06	8.03	−17.94	−9.91	−29.15%
穗恒运A	6.6	12.58	0	5.98	5.98	90.61%
九阳股份	7.93	6.98	0.13	−0.95	−0.82	−10.34%
南钢股份	2.8	2.36	0.07	−0.44	−0.37	−13.21%
台海核电	9.53	7.68	0.3	−1.85	−1.55	−16.26%
新兴铸管	6.46	6.46	0.5	0	0.5	7.74%
盐田港	5.53	4.05	1.565	−1.48	0.085	1.54%
万丰奥威	7.86	8.24	0.5	0.38	0.88	11.20%
西南证券	8.78	8.93	0	0.15	0.15	1.71%
宁沪高速	5.7	5.21	0.36	−0.49	−0.13	−2.28%

表 8-4　2013 年回测数据　　　　　　　金额单位：元

简称	2013年1月数据	2013年12月数据	股息	差价	收益	收益率
方大特钢	3.94	3.67	1	−0.27	0.73	18.53%
海润光伏	5.89	7.84	0.74	1.95	2.69	45.67%
利君股份	13.8	15.45	1.22	1.65	2.87	20.80%
华邦健康	16.1	15.17	0.3	−0.93	−0.63	−3.91%
九阳股份	7.07	9.88	0.5	2.81	3.31	46.82%
宁沪高速	5.26	5.58	0.36	0.32	0.68	12.93%
兆日科技	19.2	18.41	0.5	−0.79	−0.29	−1.51%
日发精机	12.42	16.66	9.13	4.24	13.37	107.65%

续表

简称	2013 年 1 月数据	2013 年 12 月数据	股息	差价	收益	收益率
三星医疗	8.25	9.77	0.5	1.52	2.02	24.48%
万丰奥威	8.31	20.48	0.5	12.17	12.67	152.47%

表 8-5　2014 年回测数据　　　　　　　　　　金额单位：元

简称	2014 年 1 月数据	2014 年 12 月数据	股息	差价	收益	收益率
海澜之家	7.08	10.1	0.19	3.02	3.21	45.34%
安源煤业	4.22	5.4	0.5	1.18	1.68	39.81%
内蒙华电	3.4	4.56	2.58	1.16	3.74	110.00%
上汽集团	14.09	21.47	1.2	7.38	8.58	60.89%
友利控股	9.72	6.85	4.225	-2.87	1.355	13.94%
生益科技	4.93	7.98	0.4	3.05	3.45	69.98%
建投能源	4.45	10.15	0.2	5.7	5.9	132.58%
伟星股份	10.19	9.85	3.755	-0.34	3.415	33.51%
盛达矿业	12.8	12.29	0	-0.51	-0.51	-3.98%
华能国际	4.87	8.83	0.38	3.96	4.34	89.12%

表 8-6　2015 年回测数据　　　　　　　　　　金额单位：元

简称	2015 年 1 月数据	2015 年 12 月数据	股息	差价	收益	收益率
方大特钢	5.27	6.1	0.8	0.83	1.63	30.93%
华邦健康	17.38	14.15	21.525	-3.23	18.295	105.26%
格力电器	37.9	22.35	25.35	-15.55	9.8	25.86%
九牧王	12.89	22.86	1	9.97	10.97	85.10%
广泽股份	7.94	11.33	0	3.39	3.39	42.70%
福耀玻璃	12.25	15.19	0.75	2.94	3.69	30.12%
伟星股份	9.88	17.72	4.144	7.84	11.984	121.30%
上汽集团	21.7	21.22	1.3	-0.48	0.82	3.78%
南玻 A	8.9	13.35	0.5	4.45	4.95	55.62%
鲁西化工	5.41	6.93	0.3	1.52	1.82	33.64%

表 8-7　2016 年回测数据　　　　　　　　　　金额单位：元

简称	2016 年 1 月数据	2016 年 12 月数据	股息	差价	收益	收益率
哈药股份	11.93	8.58	2.574	-3.35	-0.776	-6.50%
格力电器	22.17	24.62	1.5	2.45	3.95	17.82%
宇通客车	18.68	19.59	1.5	0.91	2.41	12.90%
上汽集团	21.1	23.45	1.36	2.35	3.71	17.58%

续表

简称	2016 年 1 月数据	2016 年 12 月数据	股息	差价	收益	收益率
华域汽车	16.86	15.95	0.81	−0.91	−0.1	−0.59%
华能国际	8.72	7.05	0.47	−1.67	−1.2	−13.76%
赣能股份	11.53	9.29	0.4	−2.24	−1.84	−15.96%
大秦铁路	8.62	7.08	0.45	−1.54	−1.09	−12.65%
农业银行	3.24	3.1	0.166 8	−0.14	0.026 8	0.83%

表 8-8 2017 年回测数据 金额单位：元

简称	2017 年 1 月数据	2017 年 12 月数据	股息	差价	收益	收益率
双汇发展	20.98	26.5	480	2 208	2 592	32.03%
常宝股份	13.1	5.45	700	−1 540	−840	−9.6%
上汽集团	23.57	32.04	660	3 388	4 048	42.94%
格力电器	24.7	43.7	720	7 600	8 320	84.21%
万和电气	17.38	22.88	365	2 750	3 115	35.85%
华发股份	12.79	7.36	640	366.4	1 006.4	9.84%
新希望	8.07	7.45	600	−744	−144	−1.49%
华域汽车	15.95	29.69	600	8 244	8 844	92.41%
京能电力	4.2	3.7	400.8	−1 200	−799.2	−7.93%
哈药股份	8.58	5.81	550	−3 047	−2 497	−26.46%

表 8-9 2018 年回测数据 金额单位：元

简称	2018 年 1 月数据	2018 年 12 月数据	股息	差价	收益	收益率
中国神华	23.3	17.96	364	−2 136	−1 772	−19.01%
方大特钢	12.79	9.99	1 280	−2 240	−960	−9.38%
哈药股份	6	3.95	800	−3 280	−2 480	−25.83%
中国石化	6.16	5.05	256	−1 776	−1 520	−15.42%
ST 银亿	8.8	3.12	770	−6 248	−5 478	−56.59%
三钢闽光	19.49	12.79	750	−3 350	−2 600	−26.68%
九阳股份	16.99	16.01	420	−588	−168	−1.65%
三湘印象	5.31	3.91	382.85	−2 660	−2 277.15	−22.57%
顺发恒业	4.31	2.97	713	−3 082	−2 369	−23.90%
九牧王	14.21	13.25	700	−672	28	0.28%

表8-10　回测汇总数据

年份	（按股息率买入股票）收益率	上证综指收益率
2011	−15.77%	−21.68%
2012	4.15%	3.17%
2013	42.39%	−6.75%
2014	59.12%	52.87%
2015	53.43%	9.41%
2016	−0.04%	−12.31%
2017	24.47%	6.56%
2018	−20.08%	−24.59%

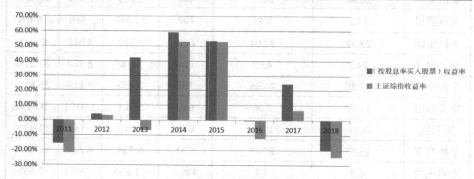

图8-2　回测汇总数据

在同一年份的两个柱形条中，左侧柱形条为按股息率买入股票的收益率，右侧柱形条为上证综指收益率。几乎看不到2016年的左侧柱形条，因为2016年的收益率为-0.04%。用前述方法，几乎总能跑赢大盘，大盘跌的时候，它跌得少；大盘横或涨的时候，它涨得多。

如果我从2011年就拿10万元入市，到2017年年初时我会有多少钱呢？2011～2018年按股息率购入股票后的余额如表8-11所示。

表8-11　2011～2018年按股息率买入股票后的余额　金额单位：元

年份	（按股息率买入股票）收益率	余额
2011	−15.77%	84 230
2012	4.15%	87 725.55
2013	42.39%	124 912.4
2014	59.12%	198 760.62
2015	53.42%	304 958.41

年份	（按股息率买入股票）收益率	余额
2016	-0.04%	304 836.43
2017	24.47%	379 429.9
2018	-20.08%	303 240.38

年复合收益率为 14.87%，虽然比低市盈率的买法低，但如果加上 2019 年的数据，年复合收益率将达到 17.6%，不过 2019 年还没过完，到年终时 17.6% 的数值还会变动。

只要赶上大幅上涨年份，总体复合收益率就会提高很多。不过在没花费很多精力的情况下，17% 左右的收益率已经足够高了。

8.2　多因子量化选股策略

要采用多因子选股策略，需要学习 Python 或 MATLAB 等各种语言，对于没有编程基础的朋友来说，从头开始学习编程，从入门到上手，可能也要半年时间。我们也有简单的解决方法，但是手动计算量大。我们可以在问财平台直接搜索，符合条件的股票显示出来后，再手动回测。

8.2.1　症结在于回测

其实格雷厄姆在《聪明的投资者》一书中给出的所有组合条件，都属于多因子量化选股策略。例如激进型投资者寻找条件适合的股票，第一步是让当期市盈率小于 9；第二步是让市净率小于等于 1.3，同时流动比率大于等于 1.5；最后找出当期净利润高于 5 年前的净利润，且 5 年内没有亏损记录的股票。第一步和第二步，可以通过问财平台直接搜索，最后一步使用问财平台的搜索功能不是那么方便，所以只能手动操作。

选股其实非常简单，只要给出条件，余下的大部分工作都可以通过工具解决。问题的难点在于我们可能不太相信格雷厄姆给出的条件，或者我们相信格雷厄姆，但是这些条件被拿到国内市场的时候可能是不适用的。我们要通过回测来验证，如果效果好，我们就可以使用。所以问题的症结在于回测，而不是即时选股。

想要回测，就必须学习编程，但编程并不是本书的主要内容。回测的方法，自己可以另外学习。如果你有志于此，现在学习编程也不晚，因为种树最好的时间有两个，一个是十年前，另一个是现在。

8.2.2 格雷厄姆的防御型多因子策略

价值投资是一项非常严谨的工作，并不是碰运气。按一般的理解，这种工作基本使用定性分析方法，就像中医，个体差异大，有时要同病异治，有时要异病同治。

实际情况是，价值投资更多的时候是采用定量分析的方法。各项财务数据是否达标是一个硬性标准。既然是定量分析，那有哪些指标需要考量呢？对于防御型投资者，格雷厄姆给出了7条方法论。

1.适当的企业规模。防御型投资者不冒更多的风险，不付出更多的精力，诉求也不多。所以企业规模越大，安全系数越高。虽然现在很多小企业都在逆袭，挑战传统大企业，甚至给大企业造成了一定程度的竞争压力，但小企业想要取而代之目前还是比较困难的。这一条的目的就是过滤掉那些不太能经受住风险的小企业。至于什么样的规模才算得上是适当的规模，在股票软件中按F10键后可以查看行业分析，其中就有各个企业在该行业中的排名情况。建议至少挑选该行业的前3名或前5名。

2.强劲的财务状况。本条还是基于对风险量化的考虑，要求企业的流动资产至少应该是流动负债的2倍；要求企业的长期债务不应该超过流动资产净额。我们可以把它写成公式。

要求1：流动比率 >2；

流动资产 ÷ 流动负债 >2。

要求2：流动资产净额 > 长期负债；

流动资产 − 流动负债 > 长期负债；

流动资产 > 流动负债 + 长期负债；

流动资产 > 负债总额。

3.利润的稳定性。企业在过去10年中，每年都有一定的利润。本条过滤了那些受经济背景影响大的企业，不论经济背景如何，都能够盈利，这样的企业的盈利能力才让人放心。

4. 股息记录。企业至少有连续 20 年支付股息的记录。这条在国内市场暂时没有多少参考性，基本可以忽略。

5. 利润增长。企业在过去 10 年内，每股利润的增长至少达到 1/3。10 年间，用最初的 3 年和最后的 3 年进行比较，如果最后 3 年的每股利润比最初 3 年的每股利润高出约 33%，就算满足条件。

6. 适度的市盈率。企业的股价不能高于 7 ～ 10 年平均市盈率的 20 倍，不能高于当期市盈率的 25 倍。在这里格雷厄姆又给出一个新的条件，不过我们可以把它们看成是互为补充的，即要求当期股价不能高于过去 3 年平均市盈率的 15 倍。

这里要给那些不精通计算的投资者讲一下，如果过去 3 年每股收益分别为 1 元、1.5 元、2 元，当前股价为 10 元，3 年平均市盈率是多少？先演示一下错误的算法。第 1 年市盈率：10 ÷ 1=10。第 2 年市盈率：10 ÷ 1.5 ≈ 6.67。第 3 年市盈率：10 ÷ 2=5。3 年平均市盈率：（10+6.67+5）÷ 3 ≈ 7.22。正确的计算方法只需要一步。3 年平均市盈率：10 ÷ [（1+1.5+2）÷ 3] ≈ 6.67。

7. 适度的股价资产比。之前也说过股价资产比如何计算，股价资产比 = 当期股价 ÷（总资产 － 无形资产）。要求股价资产比不能超过 1.5 倍，这有些苛刻了。为了弥补这个条件，格雷厄姆给了另一个条件。市盈率与价格账面值之比的乘积不应该超过 22.5 倍。

写成公式：市盈率 × 价格账面值之比 ≤ 22.5；

（价格 ÷ 每股收益）×（价格 × 总股本 ÷ 账面价值）≤ 22.5。

纵观这些条件，它们力求找到大型的、知名的企业；它们力求找到财务稳健、不会因为债务而破产的企业；它们力求找到不会受到经济周期影响而出现赤字的企业；它们力求找到盈利能力在 10 年间至少增长 1/3 的企业；它们力求找到满足以上条件，但价格低廉的股票。

这是什么意思？避险。李笑来先生在他的专栏中曾说过，投资的刚需是避险。投资者应在非常安全的位置投资，等待价格回归价值带来的收益。在操作层面上怎么办？3 000 多只股票，我们怎么能一只股票一只股票地计算呢？其实不需要那么大的工作量。我们可以在同花顺软件中，找到"问财选股"，也可以直接搜索"问财选股"，加入选股条件，进行初步筛选。几个条件可以一次性输入，为了表示工作量会逐步减少，我们进行分段输入的演示。

加入条件 1：2019 年 5 月 18 日流动资产大于负债总额。筛选后的结果是

2 590 只股票符合条件。你可以自己定义时间。不过我认为把时间放在每年的 4 月到 5 月之间较好，因为那时候年报刚刚公布。

加入条件 2：流动比率大于 2。符合条件的股票为 1 392 只。

加入条件 3：连续 10 年盈利。符合条件的股票为 508 只。

经过 3 次筛选，工作量减少了将近 80%。剩余的工作，只能手动解决了。

不过不要忘了，格雷厄姆对于防御型投资方法还给过一个限制条件：资产负债率不得高于 50%。如果把这一条也加上，再筛选一轮，只剩下 331 只股票符合条件了。

关于股价资产比，每次都要计算总资产与无形资产的差是相当麻烦的，有些时候我们可以忽略无形资产，直接按"股价 × 股本 ÷ 总资产"来计算也是可以的。那"股价 × 股本 ÷ 总资产"是什么？其实它就是市净率。你可以在股票软件中按 F10 键直接找到市净率的数据。这样计算起来就更方便了。

这一条的公式可以改为：市盈率 × 市净率 ≤ 22.5。投资者可以在符合条件的案例中随便找几只股票测试一下。

价值投资可能没有那些纯粹赌运气冒风险的方法赚得多，但它更安全。格雷厄姆说过价值投资大致可分为两种方法，一种是预测法，另一种是保护法。预测法要努力去准确地预测出未来几年企业会有多大的成就。而保护法关注的重点在于，确保自己获得的现值大于市场的价格，这一差额可以抵消未来不利因素所造成的影响。保护法通常不看未来，因为未来是未知的，这一方法不对未来进行预测。

8.2.3　其他多因子选股策略

除了格雷厄姆给出的防御型投资方法和激进型投资方法外，还有很多种多因子选股策略。本小节将做一些策略展示。

策略 1：格雷厄姆认为，当每股流动净资产高于股票价格时，即可买入。什么是流动净资产？即流动资产与流动负债的差再除以总股本所得的值。如果这个值高于股票价格，此时买入股票是比较安全的。因为企业除了流动净资产外，还有非流动净资产。在企业破产清算时，流动净资产可以打 8 折处理，而非流动净资产只有 2 折，也就相当于流动净资产等于企业的最后清算资产。每股清算资产高于股票价格，还不安全吗？这里用到的因子为流动资产、流动负债、股票即时价格。

　　策略 2：盈利增长驱动股市收益。投资者进行投资都是为了获得利润，所以盈利增长是驱动股市收益最根本的诱因。小市值企业的盈利增长得很快，因为它们有共性——高杠杆。所以可以按照企业的市值将所有上市企业分为若干份，回测不同市值情况下的每股收益对股价的驱动力。理想状态下，市值越小，每股收益越大，股价上升空间越大。本策略用到的因子为股价、股本、每股收益。

　　策略 3：销售增长驱动股市收益。盈利的增长来自销售增长，高质量的销售增长会促进净资产收益率大幅上涨，从而促使股价上涨。回测方法与策略 2 相同。本策略用到的因子为股价、股本、营业收入。

　　策略 4：自由现金流驱动股市收益。盈利是为了赚钱，只有账面盈利，却没有现金入账，不是真正的盈利，所以当期能拿到多少自由现金流，是更深一层的考量。回测方法与策略 2 相同。本策略用到的因子为股价、股本、经营活动产生的现金流量净额、投资活动产生的现金流量净额。

　　策略 5：投入资本回报率。标准普尔公司和许多其他金融企业所提到的比较好的盈利性指标都是投入资本回报率。回测方法与策略 2 相同，本策略用到的因子为投入资本回报率。计算方法如下。

　　投入资本回报率 =（营业收入 - 管理费用 - 折旧摊销 - 特殊项目 - 现金营业税）÷（股本 + 长期负债 + 优先股 + 少数股东权益）。

　　计算过程看起来很麻烦，不过我们可以利用股票软件等工具进行处理，在问财平台中直接搜索"投入资本回报率"或"ROIC"，可看到已经计算好的结果。

　　策略 6：投入资本回报率和市销率。在第一轮筛选中找到投入资本回报率最高的一组股票，在这些股票中再搜索市销率最低的一组股票。市销率 = 股价 × 股本 ÷ 营业收入。本策略用到的因子为股价、股本、营业收入、息前税后经营利润、净资产等，但不必自己计算，投入资本回报率和市销率在"问财"中可获取。

　　策略 7：净资产收益率。杜邦分析中计算的核心就是净资产收益率。按市值进行筛选，找到净资产收益率最高的一组股票。本策略用到的因子为净资产、总资产、股价、股本。

　　策略 8：净资产收益率和市净率。股票的净资产收益率较高，但市净率较低，说明企业营运情况良好，但是股价被低估。通过两层筛选，先找到净资产收益率最高的一组股票，再从中筛选出市净率最低的股票。本策略用到的因子为净资产收益率、股价、股本、每股净资产。

策略非常多，你能想到的任何算法，都可以进行回测。策略并不是问题，关键是它的内在逻辑能否支撑起整个策略。比如我有一个脑洞大开的算法，看哪家企业最省钱，所以用管理费用除以营业收入，得出的一组股票投资组合，竟然真的可以跑赢大盘。虽然回测效果不错，但这太随意了，我也不敢用它。因为它没考虑盈利能力、偿债能力和营运能力，整个算法缺乏逻辑支撑。

8.2.4　怎样的策略才算有效？

首先，最高分位明显好于所有样本股。例如，我们选择沪深300指数的300只股票作为样本，如果是单因子选股，在回测结果中降序排列，将300只股票分为5组后，第一组最高分位股票的收益，必须明显地高于整体300只股票的平均收益。

其次，最低分位明显低于所有样本股。即最后一组的60只股票要低于整体样本组合。

再次，第一组要优于第二组，第二组要优于第三组，呈线性分布，不能出现第三组或第四组最好的情况。

最后，收益随时间变化具有稳定性。表现最好的第一组，应该在持有股票限制时间内都优于其他组。至少第一组表现最优的时间要超过持有期的60%。

8.3　量化定投

价值投资量化与技术分析一样，策略都是次要的，资金管理才是最重要的。至少要做到以下几点。

首先，定期定额地将资金投入市场。定投可以用最小的付出获得相对较大的收益。如果我们每个月赚5 000元，第一个1 000元的边际效用最大，它要满足我们每天生存的需要——吃饭。第二个1 000元的边际效用略小，它满足我们穿衣住房的需要。第三个1 000元的边际效用更小，它满足通信交通的需要。直到最后一个1 000元或500元，它可能只满足我们娱乐的需要，这部分资金的边际效用最小，也可以理解为它带给我们的影响最小。

如果你认为500元或1 000元不值得理财的话，那你就错了。用边际效用最

小的钱投资,成本几乎为零;用成本为零的资本,哪怕赚取 1 元的利润,其回报率也是无穷大的。这需要你用经济学的思维来思考这个问题,而不是会计学。

大牛市早晚会来,虽然我们无法找到准确的时间节点,但只要我们坚持不懈地投入,摊平成本,当牛市来临时,至少会有 5 ~ 10 倍的收益。我国股市正常牛市出现的节点分别在 2001 年、2007 年、2015 年,大约 6 ~ 8 年出现一次牛市,所以平时的定投可以使你战略性大批布仓,只等牛市到来。

其次,不能把鸡蛋放在同一个篮子里,应将一部分资金投资股票,另一部分资金投资债券,而资金配比范围在 25∶75 至 75∶25。这就让我们省去了判断牛熊拐点的问题,当大盘月平均市盈率在 10 ~ 15 倍时,股票投入占比 75%;当大盘月平均市盈率在 15 ~ 25 倍时,股票投入占比 50%;当大盘月平均市盈率在 25 倍以上时,股票投入占比 25%。

根据大盘月平均市盈率来分配资金,当某一方赚取的利润超过总资金的 5% 时,就将多出来的 5% 移到另一个篮子中,以始终保持跷跷板的平衡。当股市越涨越高,债券价格越降越低时,平股票买债券,一路涨一路平,你几乎不用担心哪里是牛市的结束点。当股市越走越低,债券价格越涨越高时,平债券买股票,一路跌一路买,你几乎不用担心哪里是熊市的结束点。

做好定投与资金配比,再利用跷跷板的方法进行调配,省时省力。策略已定的情况下,投资者可每年调整一次仓位或每季度调整一次仓位。

8.4 不要妄想精确估值

过度追求完美是贪婪的表现。谁都想弄清楚一只股票的内在价值到底是多少。如果我们能算出它值 10 元,而现在只卖 4 元,那肯定要买,并且一点后顾之忧都不要有。问题是我们能不能做到。

计算它是否值 10 元,这就分两种方法,一种为精算,另一种为估算。当然我们的愿望是越精确越好,但估算总会有误差,甚至是错误在里面。可我们能不能对任何一种东西都进行精确估值呢?

格雷厄姆在《证券分析》第 39 章中讲道:"精确估价是不可能的,证券分析不能擅自对任何给定的普通股的'合理价值'构建普遍适用的规则。实事求是地讲，这种规则根本不存在。价值的基础极不稳定，因此即使是可以称得上基本准确的公式都无法生成。将估价建立在当期收益的基础上的思路似乎全盘都是无稽之谈，因为我们知道，当期收益也是在不断变化之中。乘数是10、15还是30本质上说纯属随心所欲地选择。"

关于这段话，我们有以下几点解读。

1. 精确估值不存在，公式、算法都只能估算出一个近似值。

2. 当期收益是在不断变化的，所以当期收益是不能作为任何根据的。

3. 用某年的当期收益乘以10、15、30来给股票估值，这根本就是随便想出来的。

如果断章取义，这段话完全给《证券分析》戴上了不可知论的帽子。但你如果精读了格雷厄姆的著作，就会明白，格雷厄姆说的当期收益不是专指一年的收益数据，他所强调的无时无刻不是长期平均收益，要以平均收益来平复每个当期收益的波动。

那第三点也好理解了，当期收益单独拿出来用是不靠谱的，所以乘以任何数而得出的结果，只是在不靠谱的前提下得出的不靠谱的结论，所以是无稽之谈。如果是长期平均收益呢，这个乘数就有讲究了，前面我们也说过，8也好10也好，存乎一心。

通篇读下来，不论是格雷厄姆的《证券分析》还是《聪明的投资者》，如果你做好读书笔记，再写同样体量的书也是可以的。但要我们给这两本书做一个简单的读书笔记应该怎么写？读书要读出精髓来，这是读书的真谛。诸葛亮读书只观其大略。什么是大略？我们来举个例子。

经济学的著作浩如烟海，给各派经济学做一个总结，就是两个字——稀缺！那格雷厄姆这两部经典著作该怎么总结呢？物有所值。再加个直白的注脚——别买贵了。这就相当于诸葛亮的观其大略。

格雷厄姆在这两部著作中提到的任何一种方法，都是在给投资者指明上限，超过上限还要买的几乎都是投机者。以格雷厄姆的眼光看待问题，他很反对人们投机，认为那是不聪明之举，而投资则相反，所以叫"聪明的投资者"。

关于自作聪明，他还举了一个成长股的例子。成长型基金的投资者，大多是专业的，如果这些成长型基金仅仅跑赢了大盘一点点，那么普通投资者就几乎用不着费心费力地去研究它们了。实在想参与的普通投资者可以买一个指数

型基金，就能轻松跟大盘了，大盘涨你跟着赚，大盘跌你也跟着亏，最差也是跟大盘一样。

再从物有所值说起，估值 10 元的股票，它的价格现在可能是 8 元，你 8 元买了就是价值投资。它的价格可能又会下跌到 5 元，你 5 元买了也是价值投资。那股价为 8 元时买错了吗？并没有错。因为股价是波动的，它跌到哪儿涨到哪儿，是全体交易者们的投票。交易者难免会在一些时刻表现出非理性，乐观时可能过度乐观，悲观时可能过度悲观。因此，股票在任何价位，我们都不会觉得离谱。

即使是价值 10 元的东西，我们花 10 元买了，这也是价值投资，也是物有所值。当然，格雷厄姆还提出了安全边际的说法。在物有所值、别买贵了的前提下，尽量在价格低一点时买入。因为我们算出它值 10 元，并不是精确计算，而是估算，这里面就有误差甚至错误。可能它真实的内在价值只有 8 元，而我们却认为它值 10 元，这时你花 10 元买了就不是物有所值了。所以股价要尽量离我们估算的价值远一些，留出足够的安全边际后再买，总会更稳妥。比如我们量化一下，估值 10 元、报价 4 元的时候买，是较好的决策。

通过物有所值的理念，我们还能得出一些操作上的推论。物有所值，就是不要想着在短时间内赚取差价。价格是波动的、非理性的。短期靠差价赚钱，一两次或许可以，但你不会有 100% 的胜率，如果盈亏比再小于 1∶1，那你交易成功的数学期望值就完全小于 0 了。

所以价值投资获得盈利的重点在于两个部分：第一，低估后的价值回归；第二，物有所值的升值。被低估的股票，就是那些安全边际极高的，如本来值 10 元只卖 4 元的股票，入手后假以时日回到 10 元左右的价值，投资者就可以赚取这部分差价。一般好股票很少有被特别低估的，这种情况你只能买在安全边际极小的位置上；也正因为它们很少有低位区，所以也不用担心被套很多。投资者购买这类股票主要是为了升值。

价值投资，并不是让我们无休止地赚小差价，而是像做生意一样，像投资古玩一样，找它的价值区间和升值空间。如此，进一步推论，非优质企业不能入手。劣质企业有它应处的较低的价值区间，不存在是否被低估的问题，就更别提升值空间了。

所以劣质企业的股票可以进行价值投资的范围其实非常小，只有那些被低估的优质企业和有升值空间的物有所值的企业的股票可以入手。这样范围就一下子缩小了很多，估算起来也很方便。对于正常的企业，我们可以用极简估值法寻找买入中枢区。对于每股收益不断升高的企业，我们可以用折现法计算出未来的收益在现在的价值。对于定投投资者，可以通过单因子或多因子策略筛选股票，也可以按格雷厄姆给出的防御条件和激进条件筛选股票。

选股的策略非常多，但贯穿始终的还是安全边际。格雷厄姆的意思是，找一艘安全的船，如果船票价格很低，乘上它，跟它一起远航吧。毕竟真正聪明的投资者都是有条不紊的，避险才是真正聪明的投资者所追求的。安全是一切的保障。

本章逻辑链

1. 价值投资的量化选股策略与技术分析的量化方法不同，它没有技术指标，只有财务指标。财务指标给出内在逻辑，根据逻辑寻找方法。例如巴菲特投资《华盛顿邮报》这只股票时使用的计算方法。根据这种方法，可以推演出极简市盈率估值法。

2. 单因子选股策略有很多，可以买入当期市盈率最低的股票、买入净资产收益最高的股票等。单因子选股策略与多因子选股策略在内在逻辑上没有太大的分别，多因子选股策略只不过比单因子选股策略多了一层过滤器而已。

3. 制定策略并不是一件非常困难的事，只要你有想法，都可以先用回测来检验，把它当成一种化学试验。但回测工具却很难掌握，最好去学一下 Python 或 MATLAB 语言。

4. 策略并不是最重要的，资金管理才是最重要的。我推荐定期定额投入方法，并且采用格雷厄姆的资金配比方法，辅以跷跷板平衡法，这样不但可以抵消难以把握牛熊拐点的焦虑，还可以最大限度地使投资组合获取理论上最平稳的收益。

5. 不论采用什么方法，都应以安全为前提。任何方法都不能精确计算出股票价值，我们能做的就是估值，或者连估值都算不上，仅仅是看哪一只股票更安全，并且在安全的基础上，还能较为稳定地升值。

6. 方法易学，理念难懂。只有学会有理念支撑的方法，才能成为真正的投资者。